괴물이
된
대학

괴물이 된 대학
자본의 꼭두각시가 된 한국 대학 구조조정 백서

지은이 | 김창인
펴낸이 | 김성실
기획편집 | 이소영 · 박성훈 · 김진주 · 김성은 · 채은아
마케팅 | 곽흥규 · 김남숙
인쇄 · 제책 | 한영문화사
펴낸곳 | 시대의창
출판등록 | 제10−1756호(1999. 5. 11)

초판 1쇄 | 2015년 7월 20일

주소 | 121−816 서울시 마포구 연희로 19−1 4층
전화 | 편집부 (02) 335−6125, 영업부 (02) 335−6121
팩스 | (02) 325−5607
이메일 | sidaebooks@daum.net

ISBN 978−89−5940−562−6 (03330)

이 도서의 국립중앙도서관 출판시도서목록(CIP)은
서지정보유통지원시스템 홈페이지(http://seoji.nl.go.kr)와
국가자료공동목록시스템(http://www.nl.go.kr/kolisnet)에서 이용하실 수 있습니다.
(CIP제어번호: CIP2015016934)

괴물이 된 대학

자본의 꼭두각시가 된
한국 대학 구조조정 백서

김창인 지음

시대의창

프롤로그

1

나는 지난 5월 대학을 자퇴했다. 대학은 대학답지 않았고, 나는 이를 거부하길 선택했다. 내가 다니던 중앙대학교는 2008년 두산그룹이 재단으로 들어온 뒤, 빠르게 대학 개조 프로젝트를 진행했다. 이른바 대학 기업화라고 불리는 흐름의 선봉이 되었다. 2010년 중앙대학교는 학문 단위 구조조정이라는 명칭으로 사상 초유의 학과 통폐합 프로젝트에 돌입했다. 문제는 이 학과 통폐합이 자본과 효율의 잣대를 학문에 들이댄다는 것이었다. 나는 이러한 대학 기업화에 반대하는 활동을 해왔고, 6년 동안 무기정학을 비롯한 세 차례의 징계 조치를 그 대가로 받아야 했다. 대학은 학문 단위를 조정하기 위해 기업 M&A 전문 업체에 컨설팅을 의뢰했으며, 이에 반대하는 학생들을 노조 탄압하듯 다루었다. 각 학과는 교육이 아니라 이익을 내야 하는 곳으로 변모했고, 이러한 역할을 수행할 수 없다면 교수도 학생도 학문 자체도 먼지처럼 사라져야 했다.

나는 결국 이 싸움을 패배가 아닌, 다른 방식으로 지속하기 위한 마지막 저항 수단으로 자퇴를 선택해야 했다.

자퇴 이후, 수많은 사람을 만났다. 그중 가장 가슴이 아팠던 것은 현재 구조조정이 되고 있는 대학의 학생들을 만났던 것이다. 이들은 나에게 어떻게 하면 대학 구조조정 싸움에서 이길 수 있을지 물었다. 하지만 명확한 답을 말하지 못했다. 대학 구조조정 투쟁은 그만큼 어려운 싸움이기 때문이다.

더 이상 대학 기업화는 중앙대만의 문제가 아니다. 대학 기업화는 재단이 기업인지 아닌지의 문제가 아니라, 실제 대학이 기업 방식으로 운영된다는 것이 요점이다. 2010년 중앙대를 시작으로 현재 한국 대학가에 구조조정은 전염병처럼 퍼져나가고 있다. 그리고 이 구조조정은 단순히 학과를 통폐합하는 수준이 아니라, 대학 공동체 자체를 파괴시키고 있다. 대학 구조조정은 그 의도 자체가 시장 논리적이며, 그 방법은 비민주적이고, 그 형식은 비전문적이다. 학령인구 감소와 유사 학문 단위 통합 등의 문제를 단기적으로 해결하려다 보니, 대학 자체가 무너지는 것을 보지 못하고 있는 것이다.

사람들이 나에게 자퇴 이후 무엇을 할 것인지 물을 때마다 나는 내가 무엇을 할지가 중요한 것이 아니라, 대학이 앞으로 무엇을 해야 할지가 중요하다고 대답해왔다. 하지만 대학이 앞으로 무엇을 해야 할지 나 스스로에게 물었을 때, 나는 마땅한 대안이 없었다. 대학을 복원해야 한다는 믿음과 가치는 변함없지만, 그래서 무엇을 해야 할 것인지는 고민해보지 못했다는 사실을 깨달았다.

2

1년 동안 사람들을 만나고 이야기를 나누고 글을 쓰면서 책을 준비했다. 그동안 교육부의 대학 구조조정을 부추기는 정책들은 가속화되었고 대학별 현황은 시시각각 변했다. 내가 만났던 대학들의 상황 또한 많이 달라졌다.

중앙대는 학과제 폐지라는 파격적인 구조조정을 추진했지만, 박용성 전 이사장과 박범훈 전 총장의 폭언과 비리가 언론에 폭로되면서 사실상 구조조정이 내년으로 유보되었다. 청주대는 학내 구성원들의 폭발적인 힘으로 김윤배 총장을 사퇴시켰고, 폐지되었던 사회학과 복과를 이루어냈다. 한림대는 교수진에게 학교 본부에 대한 절대복종 서약서를 강요해 파문이 일었고, 이에 학내 구성원들이 반발해 대학구조개혁 중단 요구와 함께 노건일 총장 퇴진 운동을 벌이고 있다. 대진대는 작년에 진행했던 구조조정이 거의 완료된 상황이고, 건국대는 구조조정 후속 조치에 대해 전임 교수 충원, 개설 학점 보장, 재학생 학적 유지 등 학생들이 요구 사항을 제출해 협의하고 있다. 덕성여대는 20명 이하 소규모 학과를 대상으로 구조조정을 추진할 계획을 발표했다. 경기대는 작년에 이어 서울 캠퍼스와 수원 캠퍼스 예술대의 학과 통합을 진행하고 있다.

대학 구조조정 문제는 향후 한국 사회에서 대학이 어떤 방향으로 나아가야 할 것인지에 있어 중요한 기점이다. 하지만 실제 대학의 구조조정 투쟁은 학과 이기주의나 제 밥그릇 챙기기 수준으로 비하되기도 하고, 반대만을 위한 반대라는 오명을 쓰기 십상이다.

전국 수많은 대학생이 자신의 대학을 지키기 위해 싸우고 있다. 하지만 이 싸움을 이기기 위해서는 정확한 현황 진단과 분석, 그리고 대안 찾기, 싸우는 방법과 방식에 대한 논의가 필요하다. 물론 나 혼자 찾는 것은 불가능하다. 그래서 여러 사람과 함께 대학 문제에 대한 이야기를 나누고 그 안에서 답을 찾아야겠다는 결심이 섰다. 대학 구조조정에 맞서 싸운 학생들과 사회 각 분야의 사람들을 만나 나의 경험과 문제의식을 토대로 인터뷰 형식으로 이들과 대화를 나누었다. 그리고 이를 책으로 출판해 '대학 바로 세우기'에 관심 있는 사람들에게 당신과 나의 대학 이야기를 소개하고자 한다.

차례

6장 | 대학 구조조정의 실체

신자유주의 교육과 대학 영리화 227

임재홍(한국방송통신대 법학과 교수, 전국 구조조정 공동대책위원회 정책 위원장)

1장
—
대학의 배신

1

대학을 그만두겠다는 고민을 시작하면서, 나는 내가 왜 대학에 왔는지 의문을 가지지 않을 수 없었다. 또한 대학에 대한 글을 쓰기로 마음먹었을 때도, 내가 대학에 온 이유에 대한 이야기가 필요하다고 여겼다. 하지만 아무리 노력해보아도 나 자신이 그토록 대학을 희망하고 오고 싶었던 이유가 떠오르지 않았다. 나조차 내가 대학에 온 이유를 알 수 없었다.

그저 남들과 비슷한, 평범한 학창 시절을 보냈다. 시험을 잘 보기 위해 학원도 다녔고 시험 기간이면 공부를 했다. 친구들과 노는 것을 좋아했고 학내 동아리 활동을 하기도 했다. 성적이 아주 뛰어난 편은 아니었지만 곧잘 한다는 이야기 정도는 들었다. 꿈이라고 하기에 거창할지 모르겠지만 하고 싶은 것이 있었고, 꼭 대학에 가야 한다는 생각은 없었다. 그저 남들이 다 가기 때문에, 혹은 너무나도 자연스러운 거니까 '나도 언젠가 대학에 가겠지'라는 막연한 생각을 가지고 있었을 뿐이다. 그리고 굳이 가야 한다면 당연히 좀 더 좋은 대학, 서열이 높은 대학을 원했다. 그러다 어느새 고3 수험생이 되었고 그제야 입장이 조금 달라졌다. '대학'을 절실히 원하게 되었다. 이유는 모르겠다. 다만 그 당시 나는 흔히 'in 서울'이라 말하는 대학에 갈 수 없는 성적이었고, 이것이 나를 절실하게 만들었다. 실체를 알 수 없는 무언가에 쫓기고 있었고, 나 또한 알 수 없는 무언가를 좇고 있었다. 끔찍했지만 이 생활을 견뎠고, 12년 입시의 대가로 '중앙대' 학적을 받을 수 있었다.

중앙대를 선택한 이유는 두 가지였다. 하나는 당시 내가 갈 수 있는 대학 가운데 가장 서열이 높았다는 것이고, 다른 하나는 두산그룹의 중앙대 인수였다. 고3이던 2008년 2학기에 두산이 중앙대를 인수했다. 입시 상담을 해주신 선생님들은 앞으로 두산이 일굴 중앙대의 비전을 예상하며 진학을 권유했다. 중앙대의 비전은 곧 나의 비전과 같다고 여겼다. 이에 대해 한 치의 의심도 하지 않았고, 장밋빛 대학생활에 대한 기대감으로 나는 대학에 첫발을 디뎠다.

2

대학에 왜 온 건지 그 이유조차 모르는데, 대학이 어떠한 곳인지 또 어떻게 되어야 하는지에 대한 고민이 있을 리가 없었다. 단지 나는 대학생이 되었고, 이를 만끽하고 싶었다. 그래서 매일 술을 마시며 사람들과 어울렸다. 대학은 어느 새내기에게도 그러하듯 나에게도 하나의 해방구였다.

처음 새터(새내기 새로 배움터 혹은 신입생 오리엔테이션)에 가서 선배들과 마주 앉았을 때 질문을 수없이 받았다. 물론 돌이켜보면 의례적으로 하는 질문이었지만, 살면서 그렇게 많은 질문을 받아보기는 처음이었다. 어디에 사는지, 무엇을 좋아하는지 또 무엇을 배우고 싶은지. 누군가 순수하게 나를 궁금해하고, 나도 그렇게 누군가를 알아가는 것이 좋았다. 비슷한 고민을 하는 사람들이 만나 소탈하게 서로의 이야기를 밤새도록 하는 것이 좋았다. 수업이 조금 어렵고 잘 안 맞는다 싶어도, 수업이 끝나면 항상 과실에서 술 한잔 같이할 사람을 기다리는 것이 즐거웠다. 그러다 보니 학과에 있는 소모임 대부분에 가입했으며, 학생회 새내기 집행부도 했다. 학생회 행사는 빠짐없이 참여했고, 뒤풀이 때마다 제일 마지막 자리까지 있으려고 했다. 그러다 보니 자연스럽게(?) 난 운동권으로 불리는 사람이 되었다.

2009년엔 많은 일이 있었다. 용산 참사가 있었고, 박종태 열사가 스스로 목숨을 끊었으며, 평택 쌍용차 투쟁도 있었다. 중앙대에서는 1학기가 끝나자 진중권 겸임 교수가 재임용에서 탈락했다. 교육자가 '정치적'이라는 이유였다. 이명박 정권이 들어서기 전 선거 캠프 때부터 인수위까지 적극적인 역할을 했던 박범훈 총장은 교육이 정치적으로 중립을 지켜야 한다고 말했다. 많은 학생이 반발했고, 이 학생들은 징계위원회에 회부되었다.

술을 사주던 선배들은 술보다 더 가치 있는 일들을 해온 사람들이었고, 그 덕분에 나는 2009년의 일들을 지켜보는 방관자가 아니라 함께하는 사람이 되었다. 이때부터였던 것 같다. 대학이 어떤 곳인지 관심도 없었던 나지만, 대학생으로서 내가 어떻게 살아가야 할지, 한국 사회에서 대학의 역할이 무엇인지 스스로 고민하기 시작했다.

흔히 사회에는 상징적이든 실질적이든 간에 정화 작용을 하는 집단이 있다고 한다. 미국 사회에서는 언론이, 유럽 사회에서는 시민의식이, 그리고 한국 사회에서는 대학이 이런 역할을 해왔다. 그러나 많은 이가 요즘 대학생들은 예전 같지 않다고, 시대가 변하면서 대학도 변했다고 이야기한다. 하지만 아직까지도 대학의 본래 모습을 복원하기 위해 노력하는 사람들이 있고, 나 또한 그 가운데 하나였다. 대학에 돌아가 한국 사회에 대한, 대학에 대한, 대학생의 역할에 대한 여러 이야기를 하고 싶었다. 사회가 세상의 부조리함에 대해 이야기할 수 없는 구조라 하더라도, 대학은 최후의 보루이기 때문에, 진리와 정의의 상아탑이기 때문에 함께 이야기할 수 있다고 믿었다. 하지만 대학은 그럴 여유도 겨를도 없었다. 대학은 이미 그 자체가 흔들리고 있었고, 본질이 위협받고 있었다.

3

2008년 2학기, 두산이 중앙대를 인수했고 대학과 기업의 오묘한 동거가 시작됐다. 그 이전의 김희수 재단은 '식물 재단'이라는 별명으로 불렸다. 재단 전입금 단돈 천 원. 고질적인 재정 문제로 대학 운영의 악순환은 중앙대의 미래에 대한 비전을 제시하지 못했다. 그 때문인지 김희수 재단이 물러날 의사를 타진하자마자 학생 사회와 교수 사회, 교직원들까지 합세해 중앙대를 새로 운영할 재단을 찾아 발 벗고 나섰다. 결국 김희수 재단은 중앙대를 떠났고, '형제의 난'을 비롯해 윤리적인 문제로 비판받던 두산그룹이 중앙대를 인수했다.

그리고 박용성 회장이 이사장으로 선임되면서 본격적인 비극이 예고되었다. '미스터 쓴소리'라 불리던 박용성 전 이사장은 취임 초기부터 한국 대학 사회에 쓴소리를 아끼지 않았다. '대학'은 곧 '국가경쟁력'과 직결되는 문제인데, '값싼 등록금'으로 '값싼 교육을 받으려 하는 태도'가 문제라며, '글로벌 대학 육성'의 필요성을 강조했다. 그리고 '대학'이 '학문 연구의 상아탑'인 시대는 지났으니 대학을 '산업'으로 키워나가겠다는 포부를 밝혔다. 마지막으로 '중앙대라는 이름을 제외한 모든 것을 바꾸겠다'는 야심 또한 숨기지 않았다. 중앙대 사회는 기대 반 우려 반으로 그를 지켜보았으나, 7년이 지난 지금 돌이켜보면 박용성 전 이사장의 말 모두가 실현되었다.

4

입학해서 처음 들은 수업의 이름은 '진로 탐색과 자기 계발'이었다. 루이스홀이라는 대강당에서 두산 1세대인 09학번이라면 누구나 들어야 하는 의무 수강 과목이었다. 일주일에 한 번 듣는 과목이었는데 매주 기업 CEO를 비롯한 인사들이 돌아가며 강연했다. 그런데 그 첫 수업 내용이 몹시 충격적이었다. 내가 다니던 철학과를 포함한 문과대 신입생들이 강연을 듣고 있었는데 모 기업의 인사를 담당하는 강연자가 대놓고 전과를 권유하는 것이 아닌가. 내용인즉, 인문학에는 미래가 없으며, 대학에서 선후배 관계 같은 인간관계를 맺는 것이 가장 쓸데없는 일이라는 것이었다. 그러니 1학년 때부터 토익과 자격증을 챙겨야 하며, 그럼에도 문과대 출신이라면 취직을 할 수 없으니, 열심히 공부해서 하루빨리 전과를 해야 미래를 보장받을 수 있다고 했다. 이것이 문과대 신입생 300명을 모아놓고 대학이 전하고자 한 메시지였다. 결국 나는 다음 주부터 그 수업을 듣지 않았고 F를 받았다.

5

09학번은 두산 1세대이다. 두산그룹이 중앙대에서 본격적으로 자신들의 교육 이념을 실현하기 위해 맞이한 첫 학번이다. 과거의 건강한 학생 사회를 경험하지 못했고, '대학은 당연히 취업을 위한 곳'이라는 이데올로기를 강제 이식당한 그 첫 세대이다. 앞서 말한 기업 CEO들의 강연을 의무적으로 들어야 했고 '중앙대 학생들이 숫자 좀 안다'는 평판을 듣고 싶어 한 박용성 전 이사장의 뜻에 따라 회계 과목을 의무로 수강해야 했다. 또한 학교 본부가 학내 커뮤니티를 관리하는 것이 당연하다고 생각하는 세대이기도 하다.

학내 커뮤니티인 '중앙인'은 학생, 교수, 교직원, 동문 모두가 이용했다. 익명이기 때문에 누가 어떤 글을 썼는지 알 수 없었다. 게다가 학교 본부에 비판적인 글을 쓰면 글이 삭제되거나 계정이 정지 당하는 등의 일도 있었다.

학내 교지인 《중앙문화》는 이러한 학내 커뮤니티의 감시와 통제를 풍자하는 만화를 실었다. 하지만 《중앙문화》는 배포된 지 만 하루도 되지 않아, 모두 강제 수거당했다. 학교 본부는 대낮에 트럭을 몰고 다니며 많은 학생이 보는 앞에서 교지를 강제 수거하는 만행을 저질렀다. 이 사건을 통해 중앙대는 '비판을 허용하지 않는 대학'임을 만천하에 알렸다.

이 사건을 계기로 학교 본부는 진보적 성향의 교지인 《중앙문화》와 녹지에 대한 예산을 전액 삭감했다. 학교 본부에 예산을 신청하면 등록금에서 지원해주는 형태가 아닌, 교지비를 자율 납부하는 형태로 바꾼 것이다.

하지만 학교 본부의 이러한 여론 통제는 본격적인 대학 개조 프로젝트의 서막에 불과했다. 본격적으로 여론이 들끓기 전에 '감시와 통제'라는 시스템에 적응시키고 길들이려는 의도였다.

6

2009년 10월 19일, 한국일보에 '중앙대 메가톤급 구조조정'이라는 제목의 기사가 났다. 중앙대에서 이루어질 대규모 구조조정에 대한 언급이었다. 경영대 신입생 수를 322명에서 1,200명까지 늘리고(전 교생 4,400명) 19개 단과대 77개 학과를 10개 단과대 40개 학과로 대폭 축소한다는 내용이 담겨 있었다. 그야말로 '핵폭탄 급 내용'이었으며 '언론에 매 맞을 각오' 정도는 하고 있다는 의지 또한 있었다.

학내는 생각보다 조용했다. 나 또한 학생회 활동을 하고 있었고, 이 문제에 대해 토론하고 고민해볼 시간이 충분히 있었지만 그 심각성을 제대로 알지는 못했다. 내 인생을 뒤바꿀 문제라고는 전혀 예상하지 못했다. 단지 구조조정 계획이 학내 구성원과 소통 없이 일방적으로 진행되고 있다는 점이 잘못됐고, 그 소식을 외부 언론을 통해 전해 들어야 하는 학교 본부의 밀실 행정에 대해 분노했다.

곧 총학생회 선거운동 기간이 되었고, 나는 내가 지지하는 후보인 선배를 위해 선거운동을 했다. 우리의 핵심 기조는 학교의 일방적인 구조조정이 예고되어 있으니 이에 학생들이 맞서 싸워야 한다는 것

이었다. 나는 학생들을 만나 이런 이야기를 했고, 함께 싸우면 막아
낼 수 있을 것이라고 한 치의 의심도 하지 않았다. 학생들은 우리 이
야기에 공감했고, 선거에서 더블 스코어 이상으로 이기는 쾌거를 이
루어냈다.

7

2010년, 나는 과학생회에서 새터를 준비하고 있었다. 2학년이 되고 처
음 선배가 되어 후배들이 생기는 것이 좋았다. 나는 내가 선배들에게
받았던 많은 것을 함께 나눌 수 있다는 것에 설레었다. 학과를 막론하
고 새터를 준비하는 모든 학생은 나와 비슷한 마음이었을 것이다. 그
래서 학생회 행사 가운데 새터는 가장 큰 규모였고, 과 생활을 하든
안 하든 모든 대학 구성원들이 가장 열심히 준비하는 사업이었다.
　그런데 1월 중순, 학교 본부는 뜬금없이 새터를 '불허'하겠다는 공
지를 했다. 이유인즉 '버스가 전복할 위험'이 있다는 것이었다. 황
당한 일이었다. 학생들 모두가 분노했다. 총학생회장이 총장을 찾아
갔지만, 총장은 그 대신 선물이 있다며 '등록금 동결' 카드를 제시했
다. 새터는 단순히 신입생 오리엔테이션의 의미만 가지는 것이 아니
다. 새내기들이 대학 생활을 시작하는 첫걸음이고, 이를 선배, 교수
등 학과 구성원들이 반갑게 맞이해주는 것이다. 새로 배움터라는 이

름도 이전까지 배웠던 주입식 교육과 기계식 교육은 모두 잊고, 대학에 와서 모든 걸 새로 배우라는 뜻이다. 이런 새터를 준비하기 위해 선배들은 두 달 가까이 자기 생활을 포기하고 방학을 투자한다. 학생들의 자치 조직인 학생회를 중심으로 가장 체계적으로 준비하는 것이다.

아마도 학교 본부는 이 학생회가 싫었던 것 같다. 총학생회는 새터 기간 내내 모든 과 새내기들을 만나 인사한다. 총학생회뿐만 아니라, 단과대와 과학생회 모두 유기적으로 움직이며 새내기들과 많은 시간을 보낸다. 그러다 보면 새내기들은 자연스럽게 새터 이후에도 학생회가 진행하는 공식적인 사업에 참여할 기회가 많아지고, 학생 공동체의 일원으로 대학 생활을 보내게 된다. 그런데 이러한 새터가 없다면, 신입생들은 학생회를 접할 기회조차 없어지고, 학생회의 영향력은 자연스레 줄어들 수밖에 없다. 학교 본부는 대학 생활에서 학생회가 중심이 되는 탄탄한 구조를 깨고 싶었던 것이다. 결국 학생들은 총장실을 점거했고, 학교 본부는 타협안을 제시했다.

1. 총학생회 중심의 새터가 아닌 단과대별 새터를 진행할 것.
2. 2월이 아닌 3월 중에 새터를 개최할 것.

간단했다. 총학생회의 영향력을 없애고 싶었고, 학생회가 아닌 학교 교직원들이 준비하는 행사를 먼저 접하게 함으로써 대학에 대한 첫

인상을 학생회가 아닌, 본부에서 만들려는 의도였다. 학생회가 진행하는 새터에는 왜 우리가 학문을 배워야 하며 대학이란 어떠한 곳인지에 대한 고민이 녹아 있다면, 학교 본부에서 진행하는 입학식에는 왜 중앙대가 세계 100대 대학 안에 진입해야 하는지와 두산이 얼마나 중앙대를 발전시킬 수 있는지에 대한 비전이 담겨 있었다.

　학생들은 학교 본부의 타협안을 수용했다. 그리고 그 후 총학생회는 제대로 된 새터에 참여할 수 없었다. 단과대별로 시기도 장소도 다르게 새터를 진행했다. 그렇게 중앙대라는 학생 공동체 사회는 시작부터 뿔뿔이 흩어질 수밖에 없었다.

                                    8

구조조정은 생각보다 큰 문제였다. 대학에서 구조조정이라는 기업적인 표현을 쓴다는 것도 처음 알았지만, 학문 간의 통합을 기업 M&A 컨설팅 업체에 의뢰한 것은 더욱 충격이었다. 내가 속했던 철학과는 구조조정 대상 학과가 아니었지만, 수많은 학과가 구조조정 대상이 되었다. 당연히 많은 학생이 뛰쳐나왔고, 개강하자마자 학교는 구조조정에 반대하는 현수막으로 뒤덮였다. 학생들뿐만 아니라, 교수들도 뛰쳐나왔다. 민주적인 절차 없이 일방적으로 진행되는 구조조정은 내용도 형식도 성격도 대학에 맞지 않았다. 새내기들은 1학년 1학기를 제대로 즐기기도 전에 데모부터 해야 했다. 입학하자마자 자신의 과가 없어진다니 얼마나 황당한 일인가.

어떤 과는 뒤에서 학교와 협상하고, 어떤 과는 퍼포먼스를 진행하고, 어떤 과는 본관 앞에서 천막 농성을 했다. 총학생회에서는 4월 6일 삭발과 단식을 하며 학생총회를 준비했고 퇴학생이던 노영수 선배는 6월 24일부터 삼보일배를 했다. 매일같이 현수막을 썼고, 천막에서 잠을 잤다. 낮에는 구조조정에 반대하는 서명을 받기도 하고, 하루 종일 유인물을 나누어주기도 했다.

자기 과도 아니면서 왜 남의 일에 나서느냐는 이야기도 들었지만, 나에게 그들은 남이 아니었다. 바로 옆 과실에서 함께 술을 마시고, 농활에서 함께 일한, 행사 때마다 마주치고 인사한 친구고 선배 들이었다. 그렇기 때문에 결코 가만히 있을 수 없었다.

그해 봄은 유독 늦었다. 3월에도 눈이 내렸고, 천막은 너무 추웠다. 우리는 추위에 떨면서도 꿋꿋이 천막을 지켰다. 다들 조금씩 지쳐갔지만 서로를 위로하고 웃으면서 견뎠다. 하지만 학교 본부는 꿈쩍도 하지 않았다. 우리는 3월 10일부터 19일간 천막 농성을 진행했다. 3월 28일 일요일, 교직원들이 천막을 둘러쌌다. 우리는 천막 앞에 스크럼을 짜고 철거를 막았다. 하지만 폭력을 쓰지 말아야 한다는 이유에서 적극적으로 철거를 막을 수 없었고, 우리의 천막은 처참하게 무너졌다. 천막과 동시에 투쟁도 끝난 것이나 마찬가지였다.

많은 학생이 울었다. 무력함과 패배감, 서러움이 솟구쳤다. 분명히 옳은 것은 우리인데 왜 아무도 들어주지 않을까. 왜 배운 대로 정의와 원칙이 이기지 못하는 것일까. 이토록 진심으로 호소하는데 왜 마음이 전해지지 않을까. 함께 싸워온 사람들의 절실함을 전하고 싶었다. 이대로 끝난다면 억울해서 견디지 못할 것 같았다.

4월 8일 이사회가 구조조정 안을 통과시키는 마지막 날, 나는 한강대교에 올랐다. 그리고 다음과 같은 내용의 현수막을 아치에 걸고 고공시위를 감행했다.

'대학은 기업이 아니다
중앙대 기업식 구조조정 반대'

9

한강대교 위에 올랐을 때, 다행히 많은 기자가 찾아왔다. 경찰도 왔고, 총장도 왔다. 박범훈 총장은 '경찰서에 가지 않게 하겠다. 아무런 피해도 받지 않게 할 테니 내려오라'며 협상을 제시했다. 경찰들도 소방차를 끌고 다리 위에 진입한 상황이라, 더 이상 버티기도 어려울 것 같아 총장의 협상을 받아들이기로 했다. 하지만 다리에서 내려오자마자 경찰서로 끌려가야 했다. 게다가 박범훈 총장은 친히 동작경찰서에 찾아와 '엄벌'의 조치를 요청하는 친절함도 잊지 않았다.

유치장에 입감된 지 이틀 만에 풀려났고, 이미 구조조정 안은 통과된 뒤였다. 학교에서 징계 조치 운운하는 소리가 들렸지만, 사실 크게 걱정하진 않았다. 이런 일로 대학이 학생을 벌준다는 이야기는 들어보지도 못했고, 상상하기도 어려웠기 때문이다. 그런데 함께 활동하던 과 선배가 갑자기 '퇴학' 조치를 받으면서 상황은 달라졌다. 구조조정 집회 때 교직원과 실랑이가 있었고, 그 과정에 교직원에게 멱살을 잡혔던 선배가 오히려 폭력을 행사한 학생이 되어 퇴학을 당한 것이었다. 말도 안 되는 일이었다. 그리고 연달아 나의 상벌위원회가 열렸다. 나는 한 차례 소환을 거부했지만, 여러 토론을 거친 뒤 징계 수위가 염려되어 다음 번 상벌위원회에 들어가기로 했다. 상벌위원회는 부총장과 보직 교수들, 교직원들로 구성되었다. 부총장은 나에게 거듭 사과를 요구했다. 그리고 앞으로 이런 일을 하지 않겠다는 약속을 하라고 강요했다. 화가 났다. 참을 수가 없었다. 그래서 내가 하고 싶은 말을 모두 다 내뱉고 나왔다. 사과는 내가 아니라 당신들이 해야 하고, 앞으로 학교가 또다시 이런 행태를 벌이면 나 또한 또다시 비슷한 행동을 할 것이라 선언했다. 그리고 나는 무기정학 조치를 받았다.

징계를 철회하기 위해 많은 노력을 했다. 중앙대 학생 3,000여 명의 서명을 받았고, 징계 철회 투쟁도 진행했다. 하지만 징계는 개인적인 문제였고, 학내 여론도 좋지 않았다. 결국 함께 징계를 받은 선배들과 소송을 하기로 했다. 학교 동문 선배들이 도와주겠다고 발 벗고 나서주었다. 고마운 일이었다. 법대 동문 선배들은 변호인단을 꾸려 소송 준비를 도왔다. 8월 5일 징계 처분 무효 소송을 냈지만 학교 본부는 고시반에 대한 지원을 끊겠다는 협박으로 대응했다. 결국 선배들은 소송을 포기할 수밖에 없었다. 그 뒤 소송은 민변(민주사회를 위한 변호사 모임)에서 맡아주었고, 2014년 1월 14일 원고 승소했다.

2011년 3월, 나는 복학해서 학교에 다녔고 수업도 들었다. 그런데 2주쯤 뒤 학교 본부에서 통지서가 왔다. 상벌위원회에 출석하라는 통지서였다. 법원에서 내린 판결은 무기정학 처분이 무효라는 것이지 징계 자체가 무효라는 것이 아니므로 무기정학보다 낮은 수위의 징계를 내리기 위한 상벌위원회였다. 혼자서 이틀 만에 700여 명의 서명을 받았다. 3월 28일 상벌위원회에 들어가서 '이건 부당하다. 말도 안 된다'는 의견을 말했다. 하지만 학교 본부는 내게 유기정학 18개월의 처분을 내렸다. 징계를 받았던 다른 선배들도 비슷했다. 퇴학이 무기정학이나 유기정학으로, 무기정학이 유기정학으로 바뀌었다. 화가 나고 분통이 터지기도 했지만 헛웃음이 나왔다. 대학이라고 하는 곳이 참 유치한 곳이라는 생각이 들었다.

징계를 받은 이력은 내 인생의 터닝 포인트였다. 징계 조치를 받음으로써 더 이상 구조조정은 내게 무시하고 지나칠 수 있는 문제가 아니었다. 적당히 참여하고 양심에 켕기지 않으려고 싸우는 것이 아니라, 이 문제를 해결하고 이겨야 스스로 당당할 수 있게 되었다. 나의 정당성을 확보하기 위해, 나 자신을 스스로 합리화하기 위해서라도 나는 이 싸움을 이겨야 했다. 그렇지 않으면 억울하고 답답해서 스스로 미쳐버릴 것만 같았다.

어떻게 보면 대학에 대한 정의보다도 감정적인 반작용이 더 컸던 것 같다. 그래서 구조조정 문제를 끈질기게 붙잡고 버텨왔던 것 같다. 하지만 이때는 아직 몰랐다. 이 싸움이 얼마나 길어질지 그리고 얼마나 거대한 현실과 싸워야 하는 일인지 전혀 가늠하지 못했다.

10

2011년은 구조조정의 후폭풍이 밀려오던 시기였다. 박용성 전 이사장이 '법이 허용하는 범위 내에서 최대한 없애겠다'[1]고 했던 교양과목은 대폭 축소되었다. 30명이 듣던 교양과목을 80명, 100명이 들어야 했다. 그야말로 콩나물시루였다. 통폐합된 학과들은 전공 수업이 갑자기 사라져서 문의하는 학생들도 있었다. 군대에서 이제 막 전역한 복학생들은 당황할 수밖에 없었다. 학교 본부는 어쩔 수 없는 일이라고, 수업권을 보장해주겠다고 변명하고 약속했지만 결국 함께 해결해야 할 문제였다. 학생들이 요구하지 않으면 아무것도 변하지 않을 것이기 때문이었다. 우리의 권리는 우리 스스로 챙겨야 했다.

---

1   《월간조선》 2008년 11월호 인터뷰.

그래서 2011년 10월 17일 원탁회의를 준비했다. 학생, 교수, 교직원이 모두 모여 구조조정 후속 대책에 대해 평가하고 의논해보고 싶었다. 뜻 맞는 친구들과 함께 기획단을 꾸렸고, 학내에서 토론회를 개최하기로 결정했다. 하지만 시작부터 일은 순탄치 않았다. 학교 본부가 원탁회의를 불허한 것이다.

처음 학교 본부가 원탁회의를 불허한 이유는 행사 장소로 선정한 잔디밭이 훼손된다는 것이었다(학교 본부는 2013년 개교 95주년 기념식도, 2014년 이후에는 학교 축제도 영신관 앞 잔디밭에서 진행했다). 그래서 우리가 체육관이나 강의실을 빌려 토론회를 열겠다고 하니, 이번에는 행사 시기가 시험 기간 바로 전 주여서 허가해줄 수 없다고 했다. 그래서 그럼 시험 기간이 끝난 이후에 열겠다고 하니, 그제야 학교 본부는 행사 성격이 정치적이기 때문에 허락해줄 수 없다고 실토했다. 자유롭게 의견을 개진하는 토론회가 대학에서 열릴 수 없다니. 인정할 수 없었다. 어차피 불허할 행사라면 원래 계획했던 장소와 시기로 강행하는 것이 옳다고 생각했다. 결국 우리는 잔디밭에서 원탁회의를 하기로 했다.

2011년 11월 10일 행사 일주일 전, 원탁회의를 홍보하기 위해 정문에 천막 부스를 설치했다. 그런데 이 천막 부스를 설치한 지 30분도 안 돼서 학교 본부는 트럭을 동원해 철거를 시도했다. 백주 대낮에 학생들이 지켜보는 앞에서 천막을 철거하려고 한 것이다. 나는 온몸으로 부당한 철거를 막기 위해 애썼다. 학생들이 금세 100여 명으

로 늘어났다. 지켜보던 학생들은 학교 본부의 강압적이고 폭력적인
철거에 함께 항의해주었고, 다행히 학교 본부는 한발 물러나 철거를
포기하고 돌아갔다. 미처 예상치 못한 일이었다. 학교 본부가 이토록
적극적으로 원탁회의를 막을 것이라곤 생각도 못했다. 우리는 언제
다시 천막을 철거하러 올지 몰라 항상 천막을 지키고 있어야 했다.
천막을 지킨 첫날, 우리는 새벽 3시까지 천막을 지키다 잠을 자러 갔
다. 그러나 한 시간 뒤인 새벽 4시쯤 천막은 철거당했다. 그 뒤로 우
리는 24시간 천막을 지키기 위해 밤을 새워야 했다.

홍보용 천막 부스가 원탁회의를 개최하기 위한 농성장이 되어버렸
다. 돌이켜보면 항상 이런 식이었다. 애초에 계획한 투쟁이 아니라,
별것 아닌 일이 어쩔 수 없이 투쟁이 돼버리는 형국이었다. 대학이라
는 공간에서 토론회를 개최하기 위해 우리는 농성을 해야 했다.

우리는 68혁명 구호인 '금지하는 것을 금지하라'를 내세워 민주적
이고 합리적인 원탁회의 개최를 요구했다. 응원해주는 학생들도 많
았다. 천막을 지키는 내내 음료수와 먹을 것이 끊이지 않았다. 직접
원탁회의에 참여할 용기는 없지만 항상 응원하고 있다는 학생들의
말은 큰 힘이 되었다. 학내에서 진보적인 몇몇 교수님도 관심을 보였
고, 일부는 원탁회의에 참여해 힘을 실어주기로 했다.

하지만 반대 여론도 만만치 않았다. 학내 커뮤니티에서 학교 본부
의 정책을 지지하던 세력들이 원탁회의를 계기로 오프라인으로 나
오기 시작했다. 이들의 핵심 논리는 '잔디밭'을 내줄 수 없다는 것이

었다. 학내 언론들이 '잔디밭 파시즘'이라고 불렀을 정도로 잔디밭에 대한 논쟁이 첨예하게 대립했고 여론 공세 또한 상당했다. 이들은 밤에 모여 원탁회의 홍보 현수막을 철거하기도 하고, 기획단에 발신 번호 표시 금지인 상태로 전화해 욕을 하고 끊기도 했다. 원탁회의 당일에는 원탁회의 반대 서명운동을 하고, 행사 장소에서 반대 피케팅 시위를 전개했다.

구조조정 투쟁 당시에도 학생들끼리 갈등이 없었던 것은 아니지만, 이토록 두드러진 적은 없었다. 대립이라기보다는 오히려 학내 민주 세력에 대한 공격이었다. 기획단은 물론 나 자신도 흔들렸을 만큼 힘들었다. 원탁회의의 필요성도, 대학에서 누구나 자유롭게 토론할 수 있어야 한다는 민주주의에 대한 믿음도, 학생들은 잔디밭을 이용할 수 있다는 당연한 생각마저도 스스로 의심하게 만들었다. 기획단을 함께하던 후배들이 힘들어하며 떠나갔다. 원탁회의에 참여하기로 한 교수님들마저 정치적으로 부담된다며 모두 불참을 통보해왔다. 학교 본부는 원탁회의를 강행하면 징계하겠다고 예고했다.

원탁회의는 예정대로 개최되었고, 학교 본부의 징계 협박과 잔디밭 파시즘 세력의 파상 공세에도 불구하고 생각보다 많은 학생이 찾아주었다. 우리는 구조조정 후폭풍의 원인이 학교 본부의 소통 없는 탑다운식 정책 결정 구조 때문이라는 결론을 내렸다. 그리고 지금이라도 학생들의 의견을 수렴하여 최대한 수업권 등의 기본 권리를 보장해주는 것으로 구조조정 후속 대책을 세워야 한다고 요구하기로 했다.

나는 이 원탁회의 기획단에 참여했다는 이유로 근신 처분을 받았다. 과학생회 친구들에게 도움을 요청했지만 총회에서 돌아온 것은 도대체 왜 학교에서 하지 말라는 것을 해서 징계를 받았느냐는 핀잔뿐이었다. 지치고 힘들었다. 여론은 최악이었고, 함께한 사람들은 모두 지쳐 떠났다.

11

대학 생활 6년 동안 한 해도 빠짐없이 학생회 활동을 했다. 대학에 들어오면서 처음 경험했던 공동체 생활이 좋았기 때문이다. 수업뿐만 아니라 학생회와 동아리 활동도 좋았다. 주어진 프로그램과 패턴에 따라 형식적으로 배워야 했던 중등교육의 주입식 시스템과 다르게, 철저하게 자치 중심인 학생회 활동은 내게 많은 의미가 있었다. MT처럼 노는 것부터 학습권처럼 공부하는 것까지 내 손으로 만들어갈 수 있다는 것은 큰 즐거움이었다. 항상 누군가 뒤에서 조종하듯, 잘 깔린 레일을 달리듯 살아온 나는 이제야 제대로 된 삶을 찾은 느낌이었다. 그리고 학생회 활동을 하면서 많은 사람을 만날 수 있어 좋았다. 다양한 사람과 술 한잔 하면서 서로의 이야기와 삶을 나누는 것이 좋았다.

처음엔 이렇게 개인적인 이유로 학생회 활동을 했지만, 학내에서 여러 일을 겪으며 이를 바로 세우기 위한 학생회 활동에 집중하게 되었다. 대학을 바로 세우기 위한 하나의 대안으로 학생회를 구상한 것이다. 대학 내에서 대학을 대학답게 하는, 혹은 학생운동을 하는 방법은 구체적으로 여러 가지가 있을 수 있다. 예컨대 자신이 생각하는 정의에 대해 다룰 학회를 만들어 구성원들과 나눌 수도 있고, 학내 언론을 통해 이러한 정의를 학우들에게 전달할 수도 있다. 하지만 나는 이런 일들보다 나와 다른 생각을 가진 학우들을 적극적으로 설득하고 싶었다. 현재 대학에 주어진 환경과 정면으로 마주하고 부딪치고 이를 해결해나갈 집단이나 공동체가 필요한데 이는 학생들의 대의 기구인 학생회의 역할이었다.

학생회를 통해 이기고 싶었다. 원탁회의 이후 여론이 최악으로 치닫자, 이런 마음이 더욱 강해졌다. 증명하고 싶었고, 인정받고 싶었다. 우리들이 옳았고, 학교 본부가 틀렸으며, 대학은 좀 더 나은 모습이 될 수 있다는 것을 보여주고 싶었다. 그리고 이런 꿈은 나 혼자가 아니라 학우들 모두가 함께해야 가능한 일이었다. 그렇게 하기 위해 학생회를 통해 학우들의 선택과 지지를 받고 싶었다.

2012년은 본격적으로 내가 학생회 활동에 집중하기 시작한 해이다. 총학생회나 단과대 학생회가 아닌, 가장 작은 단위인 과학생회부터 다시 시작하는 마음으로 열심히 했다. 전보다 조금 더 많은 사람을 만났고, 내 이야기를 하기보다 더 많은 이야기를 듣고자 노력했다. 우리가 왜 졌는지 고민했고, 이길 수 있는 방법을 학우들 속에서 찾고자 했다. 그렇게 1년이 지났고, 나는 철학과 학생회장이 되었다.

12

2013년 다시 한 번 학과 구조조정이 감행됐다. 2010년 구조조정으로 학부제 소속이 된 비교민속학과, 청소년학과, 아동복지학과, 가족복지학과의 폐과 조치가 결정됐다.

　나는 우리 과의 일은 아니었지만, 바로 옆 학과의 일이기도 했고 이번 구조조정 또한 내용과 절차에 있어 여러 문제점이 있었기 때문에 연대 투쟁을 했다. 우리는 치열하게 싸웠다. 5월 2일 설명회에 불과한 공청회를 무산시켰고, 학생총회를 성사시켰다. 6월 14일 본관 앞에 천막을 치고 농성에 들어갔고, 비바람이 불어도 교직원들이 들이닥쳐 온갖 협박을 하고 타협안을 제시해도 버텼다. 흡사 2010년의 데자뷔였다.

　우리가 요구한 것은 무작정 구조조정 안을 철회해달라는 것이 아니라, 단지 협의와 소통의 자리를 통해 민주적인 절차를 밟아달라는 것이었다. 하지만 우리에게 돌아온 것은 '후퇴는 없다'라는 대답뿐이었다.

　곧 기말고사가 다가오고 방학이 시작되면, 더 이상 할 수 있는 것이 없을 것 같았다. 더 늦기 전에 마지막으로 할 수 있는 모든 것을 해야 했다. 결국 우리는 총장실을 점거하기로 결정했다. 다른 대학이라면 모르겠지만, 중앙대에서 총장실 점거라는 방법은 중징계를 각오해야 했다. 징계뿐만 아니라 법적인 고발 조치나 손해배상 청구 등 그동안 학교 본부가 행해온 행태들을 보았을 때 가능한 모든 조치를 고려해야 했다. 어려운 각오였고 결정이었지만 그만큼 절박했다.

처음 총장실을 점거하던 날, 많은 학생이 울었다. 자신들이 왜 이 학과에 들어왔는지, 왜 이 학과를 지키고 싶은지 돌아가면서 이야기했다. 어릴 적부터 청소년 활동가를 꿈꾸며 청소년학과에 온 친구는 학교 본부의 부당한 구조조정 때문에 왜 자신의 꿈을 포기해야 하는지 이해할 수 없었다. 민속학을 배우고 싶어 다니던 명문대를 자퇴하고 민속학과(2010년 학부제로 통폐합되기 이전에는 민속학과, 통폐합 이후 아시아문화학부에서는 비교민속학 전공이 정식 명칭이다. 학교에서는 이미 2010년에 폐과된 학과라고 주장하기도 하지만 학생들은 흔히 비교민속학 전공이라고 부르기보다는 민속학과라고 부르는 것이 일반적이었다)에 온 친구는 돈이 되지 않는다는 이유로 학문들을 없애간다면, 도대체 자신이 배우고 싶은 학문을 어디서 배울 수 있는지 물었다. 박용성 전 이사장은 '졸업해서 취직해봐야 고작 월급이 100만 원밖에 안 되는 과이기 때문에 없어져야 한다'고 말했지만, 학생들은 자신들이 하고 싶은 일이 왜 돈보다 더 가치 있는지 누구보다 잘 알고 있었다. 학문에 대한 자부심을 세워주기는커녕, 자존감을 깎아먹는 학교 본부의 행태에 쌓였던 그동안의 울분이 쏟아지는 자리였다.

우리는 1학기 내내 투쟁하면서 학교의 책임자인 총장 얼굴을 한 번도 보지 못했다. 수차례 면담을 제안했고 대화를 요구했지만 학생들이 총장을 만나는 것은 생각보다 어려운 일이었다. 학교 본부가 소통이라는 명분으로 내세운 부총장과의 면담 자리에서는 '없어질 학과에 들어가는 수도세나 전기세가 아깝다', '너희와는 소통이 아니라 음성을 교환하는 것 뿐이다' 라는 등의 이야기를 들어야 했다. 그 서러움과 답답함과 절박함으로 총장 얼굴 한 번 보려고 총장실에 왔지만, 총장은 끝까지 우리를 만나주지 않았다.

총장이 우리를 만나줄 때까지 우리는 총장실을 점거할 수밖에 없었다. 학생들은 기말고사 공부도 도서관이 아닌 총장실에서 해야 했다. 천막 농성부터 총장실 점거까지 한 달 가까이 집에 가지도 못하고, 밥도 편하게 먹지 못하고, 공부도 제대로 하지 못했다. 결국 총장은 마지못해 해당 학과 학생 대표들만 만나주었지만 달라진 것은 아무것도 없었다.

학교 본부는 대학평의원회(교수, 학생, 교직원 대표로 이루어진 회의체)의 심의 반려에도 불구하고 스스로 학칙도 어겨가며 구조조정을 강행했다. 2013년 6월 18일 우리는 마지막 지푸라기라도 잡는 심정으로 구조조정 공동대책위원회는 법적 투쟁을 전개한다는 기자회견을 했다. 하지만 2013년 8월 5일, 돌아온 것은 '학교가 학칙을 어긴 건 맞지만, 학칙을 지키게 되면 그 학칙을 악용할 소지가 있기 때문에 안 지켜도 된다'는 어처구니없는 판결이었다.

열심히 싸웠다. 나는 아직도 우리가 패배했다는 사실이 실감이 나지 않는다. 1학기 내내 함께 천막에서, 총장실에서 지내며 친해진 친구들이 많지만 그들의 얼굴을 볼 용기가 나지 않는다. 함께 밤을 지새우며 '우리는 이길 수 있다. 반드시 지켜낼 수 있다'고 약속했지만 아무것도 지키지 못했기 때문이다.

                                    13

나는 학교 본부의 블랙리스트였다. 징계 이력이 있다는 이유만으로 서류상 코드 자체가 다르게 분류된다는 소문도 있었다. 징계 이력이라는 꼬리표 때문에 나의 대학 생활은 낙인으로 가득 차 있었고, 대학 생활에 많은 제약을 받았다.

경영진의 입장에서 이른바 운동권 학생들을 기피하는 경향을 이해해보려고 노력했다. 하지만 학교 본부는 그중에서도 유독 나를 싫어했다. 대학 생활을 하면서 다섯 번 상벌위원회에 출석했으며, 세 차례 징계를 받았다. 2013년 구조조정 투쟁 당시 총장실을 점거했을 때도 부총장은 수많은 사람 가운데 나만 콕 찍어서 욕설을 퍼부었다. 구조조정 협상 테이블도 내가 참여하면 협상 자체를 무효화시키겠다고 하여 항상 나는 빠진 채로 협상을 진행했다. 그리고 나중에 들어보면 그 자리에서 '김창인에게 선동당하지 마라, 걔는 너희를 정치적으로 이용하려는 거야' 같은 말을 했다고 한다. 난 항상 전면에서 싸우려고 노력했는데, 그렇게 배후 세력 취급을 받았다. 기분이 나쁘기보다는 오히려 황당했다.

하지만 진짜 문제는 이런 식으로 언어 폭력을 가하는 것이 아니라, 실질적으로 나의 대학 생활에 지장을 주는 조치들이었다. 이를테면 장학금 환수 요청 같은 것이었다. 집안 환경이 넉넉한 편은 아니어서 교수님과의 면담을 통해 학과에서 지급하는 장학금을 받은 적이 있었다. 그런데 1년이 지나고 어느 날 행정실에서 내게 장학금 환수 요청을 해왔다. 징계 이력이 있는 사람은 어떤 장학금도 지급할 수 없다는 규정이 있다는 것이었다. 그런 규정이 진짜 있는지, 있어도 되는 건지 모르겠지만, 내가 규정을 어긴 것도 아닌 데다 갚을 돈도 없었다. 결국 나는 스스로 '지급 능력 불가능 각서'를 써서 제출하는 수밖에 없었다.

나에 대한 학교 본부의 탄압이 가장 눈에 띄게 드러났던 것은 인문대 학생회장 선거였다. 나는 2013년 철학과 학생회장 임기를 마치고 2014년 인문대 학생회장 출마를 준비하고 있었다. 경쟁자가 없는 단선이었고, 주변에 뜻 맞는 친구들과 즐겁게 선거를 준비하고 있었다. 그런데 또다시 행정실에서 내게 출마 자격이 없음을 통보해왔다. 징계 이력이 있거나 학점이 평점 2.0에 미달되는 학생은 학생회장 출마 자격이 없다는 것이었다. 5년 동안 학생회를 해오면서 이러한 규정을 처음 알았다. 이 규정에 어긋나는 학생 대표를 수도 없이 봐온 나에게 학교 본부가 제시한 규정은 핑계로밖에 들리지 않았다.

특정한 시기에 오직 나에게만 적용되는 학칙은 부당했다. 모든 걸 인정한다고 하더라도 학교 본부가 학칙을 가지고 학생 자치 영역인 학생회 선거에 개입한다는 것은 말도 안 되는 이야기였다. 학생회에 는 학생들이 스스로 만들고 개정해온 학생회칙이 별도로 존재하고, 선거를 자치적으로 치르기 위한 선거관리위원회 또한 존재한다. 학 교 본부가 개입해야 할 명분이 없는 것이다. 또한 그 이유가 징계 이 력과 학점인 것 또한 인정할 수 없었다. 징계 이력은 학교로부터 부 당하게 받은 것이고, 초등학교 반장 선거를 할 때도 성적으로 출마 자격을 운운하지 않는 것이 기본인데 대학에서 이러한 일이 벌어진 다는 것은 있을 수 없었다.

학생회 구성원 모두가 이에 동의했고, 선거를 학생 자치로 치르는 것에 합의했다. 학교 본부의 학생회 선거 개입은 부당하므로 이에 맞 서 정상적인 선거를 진행하기로 했다. 하지만 학교 본부의 탄압은 치 밀하고 또 치졸했다. 이번엔 당사자인 내가 아니라, 선거관리위원회 구성원인 각 과학생회장들을 협박했다. 선거를 강행할 때에는 징계 를 받을 수 있으며, 선거로 학생회장에 당선되더라도 무효 조치를 통 보하고 예산을 일절 지원하지 않겠다고 했다. 징계를 받으면 학군단 과 교환학생 자격도 박탈된다는 사실 또한 잊지 않고 당부해주었다. 인문대 학장은 각 과학생회장들에게 나를 '불구덩이에 뛰어드는 놈' 이며 '같이 불구덩이에 들어가고 싶지 않으면 학생회는 납작 엎드리라'고 말했다. 선거관리위원회뿐만 아니라 선거운동을 돕는 친구들까지 징계를 받을 수 있다고 경고했다.

상황이 어려워졌고, 많은 사람이 힘들어했다. 나조차도 어떻게 해야 할지 혼란스러웠다. 원칙을 요구하면 할수록 주변 사람들이 상처받고 다쳐야 했다. 결국 투표를 앞두고 나는 내 스스로 후보를 포기했다. 많은 사람에게 미안했다. 구조조정 투쟁이나 원탁회의 때와는 다르게 나 때문에 주변 사람이 힘들다고 여겨졌다. 그래서 더 견디기가 어려웠다.

14

두산그룹이 중앙대를 접수한 지 5년 만에 대학다움은 거의 무너져버렸다. 1학년 때 그 많던 현수막과 대자보는 이제 캠퍼스에서 찾아볼 수 없다. 토익과 채용 광고만이 게시판을 뒤덮고 있다. 학생들이 관심사가 달라졌기 때문이 아니다. 현수막 한 장, 대자보 한 장 마음대로 붙일 수 없는 대학이 되었기 때문이다. 정치적인 내용은 그 어떤 것도 허가할 수 없다는 학교 본부의 방침에 따른 것이다. 대학에서 정치를 금하고, 비판을 금했다. 생산적인 토론과 논쟁을 그리고 상상력을 금지한 것이다.

2013년 중앙대에는 청소 노동자들의 파업이 있었다. 최소한의 인간다운 환경도 제공받지 못하고 열악한 노동조건에서 근무해온 노동자들의 파업이었다. 많은 학생이 지지했고 응원했다. 하지만 학교 본부는 청소 노동자들의 대자보 한 장에 벌금 100만 원씩 청구하는 야만적인 태도를 보였다. 이것이 우리가 다니는 대학의 실상이었다.

'안녕들하십니까' 열풍으로 중앙대에 붙었던 80여 개의 대자보는 모두 같은 날 강제 철거되었다. 7년 만에 성사된 학생총회로 2,000명이 넘는 학생들이 모여 구조조정에 대한 소통을 요구했지만 철저하게 무시당했다. 천막을 치고 20일이 넘게 농성을 하고 총장실을 점거해도 학생들의 이야기를 들어주지 않았다. 새터, 농활을 비롯해 학생자치 행사를 탄압했다. 개인과 경쟁을 강조하면서 공동체를 파괴했다. 인문, 예술을 공부하는 학생들은 낙오자 취급을 받아야 했고, 경쟁에서 뒤처지면 학과와 함께 사라져야 했다. 교수들에겐 실적만을 강요하고 조건을 충족시키지 못하면 교수 연구실을 빼앗겠다는 협박도 서슴지 않았다. 수업은 획일화된 교양과목으로 개편되었고, 소규모 강의는 폐강되어 콩나물시루 같은 수업을 들어야 했다. 이 모든 것에 대한 비판은 곧 징계 조치로 귀결되었다.

2013년과 2014년 두 번의 인문대 학생회장 선거가 학교 본부의 개입으로 무산되었다. 인문대 선거가 무산되기 전, 학교 본부는 징계 조항에 대한 학칙 개정을 시도했다. 어떠한 조건을 충족했을 때 징계를 내리는 것이 아니라, 필요하다면 총장의 권한으로 절차도 명분도 없이 징계를 내릴 수 있게 한다는 내용이었다. 게다가 개정된 학칙은 소급 적용이 가능하다는 부칙도 있었다. 학생들 사이에서는 이번 학칙 개정이 나를 징계하기 위함이라는 소문이 파다했다. 이번에야말로 학교에서 나를 내쫓을 것이라는 이야기가 돌았다. 실제로 선거가 무산되자마자 학교 본부는 학칙 개정을 철회했다.

힘들었다. 자퇴를 고민했다. 사실 처음 자퇴를 고민했을 때에는 감정적인 부분이 컸다. 모두가 원망스럽고, 더 이상 대학에 희망은 없어 보였다. 이기고 싶었고 이길 수 있다고 믿었지만, 생각보다 현실의 벽은 견고했다. 내가 열심히 노력하면 할수록 나뿐만이 아니라 내 주위 사람들이 다치고 상처받았다. 나는 할 만큼 했고, 더 이상 견디고 버티는 것은 너무 잔인한 일이라고 생각했다. 더 다치고 무언가 더 잃게 될까 봐 두려웠다. 그리고 자퇴를 결정했다.

자퇴를 결심한 뒤, 많은 사람을 만났다. 한 달 정도의 시간을 가지고 대학에 대해 이야기하고 나의 자퇴에 대해 고민을 나누었다. 친하게 지낸 선후배들부터 학생회를 하며 마주친 사람들, 괴물 같은 대학에 맞서 함께 싸워왔던 사람들. 모두가 자퇴를 만류했다. 어느 누구는 내게 미래를 생각해보라고 했고, 어느 누구는 내게 비겁하게 도망치지 말라고 했다. 솔직하게 말하면, 그 당시에는 이러한 말들이 귀에 잘 들어오지 않았다. 다만 그 한 달은 내게 자퇴에 대해 감정이 아닌 이성으로 다시 고민할 수 있는 시간을 주었다.

돌이켜보면 나의 대학 생활은 투쟁과 징계 그리고 복학의 반복이었다. 이러한 반복을 끊고 싶었다. 또한 웬만한 징계와 투쟁은 별것

아닌 것처럼 느껴질 만큼 무감각해진 중앙대 대학 사회에 자극이 필
요한 시기라고 생각했다. 내가 대학에 남아서 할 수 있는 일보다 대
학을 그만둠으로써 또 다른 형식의 저항을 하는 것이 더 많은 도움이
되지 않을까 고민했다. 나와 대학의 긴 싸움을 나의 패배로 끝내고
싶지 않았다. 아직 난 이기고 싶었고, 패배를 인정하기 싫었으며 그
러기 위해 싸움을 좀 더 이어가야 했다. 이미 그들은 나의 소중한 많
은 것을 빼앗아갔다. 이제 내게 남은 건 대학생이라는 신분과 학적뿐
이었고, 난 내가 가진 걸 걸고 싸울 수밖에 없었다.

　나의 결심을 사람들과 나누고 또 견고히 하는 과정을 거친 뒤,
2014년 5월 7일 자퇴 기자회견을 잡았고 자퇴 선언을 썼다. 본디 글
을 자주 쓰는 편도 아니었지만, 유독 진도가 나가지 않았다. 밤마다
맥주 한 잔씩 하며 조금씩 내용을 채워나갔다. 기자회견 준비는 주
변 친구들이 많이 도와주었다. 기자회견 자리에 사람들을 모으는 것
이 나의 역할이었는데, 사실 제대로 연락한 사람이 거의 없었다. 미
안하기 때문이었다. 학교에 남아 있는 사람들이 감당해야 할 것들에
대한 죄책감이 들었다. 기자회견 전날, SNS를 통해 올 수 있는 사람
들은 지나가다 잠깐이라도 들러주면 좋겠다고 알린 것이 전부였다.

　자퇴 기자회견 전날, 잠이 오지 않았다. 너무 두렵고 캄캄했다. 아
무도 나의 이야기를 들어주지 않을까 봐, 난 내 전부를 걸었는데 아
무것도 변하지 않을까 봐 두려웠다.

　다행히 많은 사람이 와주었다. 대학 시절 지나쳤던 인연들이 수없

이 모였다. 그들 모두 나를 위로해주고 응원해주었다. 고마웠다. 자퇴 선언문을 읽었고, 학교에 부착했다. 자퇴 서류를 제출했고, 난 더 이상 대학생이 아니었다.

15

내가 붙인 자퇴 선언 대자보는 만 하루도 되지 않아 철거당했다. 나의 자퇴를 응원하며 중앙대 학생들이 붙인 17장의 지지 대자보는 몇 시간도 채 되지 않아 철거당했다. 나의 자퇴 기사를 보도했던 학내 언론인《중대신문》의 언론 담당 보직 교수는 해당 보직에서 해임되었다. 한동안《중대신문》편집장에 대한 징계 또한 운운되었다. 학교는 곧바로 학칙 개정을 시도했다. 본래 자퇴생은 언제든 복학이 가능하도록 되어 있는데, 징계 이력이 있는 자퇴생은 별도의 절차를 거쳐야 한다는 내용이었다. 오로지 나를 위해 학칙 개정을 시도한 것이다.

자퇴 이후, 한동안 아무것도 하지 않았다. 앞으로 어떻게 먹고살아야 하나, 나의 미래에 대한 걱정과 고민을 하는 시간이 대부분이었다. 고졸로 살아가기 위한 준비도 해야겠고, 아직 가지 않은 군대도 곧 가야 했다. 나 개인의 삶을 챙겨야겠다는 생각으로 조급했다.

그러던 중, 대학생들이 연락해오기 시작했다. 나의 자퇴 기사를 보

고, 〈자퇴 선언〉을 읽고 대학 구조조정 투쟁에 관한 이야기가 듣고
싶다는 학생들이었다. 이들은 자신의 학과가 구조조정 대상 학과로
지정되어 곧 폐과 조치될 텐데, 어떻게 대응하고 싸워야 하는지 물었
다. 하지만 나는 이들에게 해줄 수 있는 말이 없었다.

　나는 중앙대에서 두 번의 구조조정 투쟁을 겪었고, 열심히 싸웠다.
구조조정 문제와 관련해 나름대로 잘 알고 있다고 생각했다. 내 삶의
중요한 문제 가운데 하나였고, 대학 문제에 관해서는 자신감이 있었
다. 하지만 나에게 대학 구조조정 문제는 경험이었을 뿐, 여기에 대
한 대안도 답도 가지고 있지 못했던 것이다.

　대학 구조조정 문제는 비단 내가 속했던 중앙대만의 문제가 아니
었다. 전국 대학가에는 시장주의 교육관으로 학문을 없애고 그 안에
서 고통받는 학생들이 있었다. 우리 모두는 우리의 대학을 지키기 위
해 각자의 자리에서 치열하게 싸웠다. 그리고 아직도 싸우고 있는 사
람들이 있었다.

　문득 나 혼자만을 생각했던 자신이 부끄러워졌다. 내가 함께 이 대
학을 지키기 위해 싸우자고 약속했던 사람들이 떠올랐다. 그들 모두
에게 우리가 함께 싸웠던 시간들이 결코 헛된 것이 아니라고, 우리가
옳았다는 것을 증명하기 위해 꼭 이기겠다고 약속했던 자신이 부끄
러웠다. 그리고 자퇴 이후, 내가 대학을 위해 할 수 있는 일이 무엇일
까 고민했다.

　2010년의 중앙대 구조조정을 신호탄으로 현재 한국 대학의 구조

조정은 전염병처럼 퍼져가고 있다. 그리고 이러한 구조조정은 단순히 학과들을 통폐합하는 수준이 아니라, 대학 공동체 자체를 파괴시키고 있다. 대학 구조조정이라는 사안 앞에 한국 사회 대학은 선택의 기로에 놓여 있다. 이대로 대학을 포기할 것인지, 아니면 다시 진짜 대학으로 나아갈 것인지.

물론 대학 구조조정 싸움은 이기기 어려운 싸움이다. 하지만 한국 사회의 대학을 위해 꼭 필요한 싸움이다. 이 싸움을 이기기 위해서는 정확한 현황 진단과 분석, 그리고 대안 찾기와 싸우는 방법과 방식에 대한 논의가 필요하다. 물론 나 혼자 찾는 것은 불가능하다. 그래서 여러 사람과 함께 대학 문제에 대한 이야기를 나누고 그 안에서 답을 찾아야겠다는 결심이 섰다.

글을 쓰기로 했다. 대학을 지키기 위해 싸우는 사람들의 이야기를 담기로 했다. 그리고 우리가 이기기 위해 어떻게 싸워야 할 것인지 묻고 함께 머리를 모아보기로 했다. 전국 대학가에서 구조조정 투쟁을 경험한 학생들, 관심 있는 교수들, 기타 각 분야의 사람들을 만나 이야기를 듣고 싶었다.

그리고 사람들을 만났다.

중앙대학교 김창인 자퇴 선언

오늘 나는 대학을 그만둔다.

정의正義가 없는 대학大學은 대학이 아니기에.

나는 두산 대학 1세대다. 2008년, 두산은 야심차게 중앙대를 인수해 명문의 반열에 올려놓겠다고 선언했다. 당시 수험생이었던 나는 중앙대 학생이 되고 싶었다. '사람이 미래다'라는 두산그룹의 슬로건처럼 나는 나 자신의 미래를 만들어가고 싶었다. 그래서 공부했다. 그리고 합격했다. 하지만 두산재단과 함께 시작한 대학 생활은 녹록치 않았다.

박용성 전 이사장은 대학이 교육이 아닌 산업이라 말했다. 대학도 기업식으로 바뀌어야 한다고. 중앙대라는 이름만 남기고 모든 것을 바꾸겠다고 했다. 그리고 불과 5년 만에 그의 말은 실현되었다. 정권을 비판한 교수는 해임되었고, 총장을 비판한 교지는 수거되었다. 회계를 의무적으로 배우고 성공한 명사들의 특강을 의무적으로 들어야 했다. 비용 절감을 이유로 교양 과목은 축소되었고, 이수 학점은 줄어들었다. 학과들은 통폐합되었다. 건물이 들어서고 강의실은 늘어났지만, 강의당 학생 수는 줄지 않았다.

진리의 상아탑이라는 대학에서 대자보는 금지되었다. 정치적이라는 이유로 불허했고, 입시 행사가 있다고 떼어졌다. 잔디밭에서 진행

한 구조조정 토론회는 잔디를 훼손하는 불법 행사로 탄압을 받았다. 학생회가 진행하는 새터와 농활도 탄압 받았으며, 지키는 일이 투쟁이 되었다. 중앙대는 표백되어갔다.

대학은 함께 사는 것을 고민하는 공간이라고 생각했다. 학문을 돈으로 재단할 수 없다고 생각했다. 치열하게 고민하고, 처절하게 싸웠다. 2010년 고대의 한 학우가 대학을 거부하고 자퇴라는 선택을 했을 때, 나는 무기정학을 받았다. 한강대교 아치 위에 올라 기업식 구조조정을 막기 위해 분투한 대가였다. 대학을 바꿀 수 있다고 믿었다. 순진하게도 그것이 가능하다고 믿었다.

하지만 기업을 등에 업은 대학은 괴물이었다. 그 대가는 참혹했다. 난 다섯 차례 징계위원회에 회부되었고, 세 차례 징계 조치를 받았다. 무기정학 처분이 부당하다는 법원의 판결을 받아내자 그 대신 유기정학 18개월의 처분을 내렸다. 유기정학 기간이 채 끝나기도 전에 구조조정 토론회를 기획했다는 이유로 근신 처분을 받았다. 이러한 징계 이력은 낙인 찍기였다. 이미 받은 장학금에 대해 환수 요청을 받았으며, 학생회장으로 출마할 피선거권을 박탈당했다. 학교 본부는 나의 피선거권을 박탈하기 위해, 각 과학생회장을 징계 처분, 학군단과 교환학생 자격 박탈, 학생회비 지원 중단 등 갖가지 방법으로 협박했다.

그렇게 난 블랙리스트에 올랐다. 학생들은 나를 종북좌파라 했고 어느 교수는 나를 불구덩이에 타 죽으러 가는 사람이라 했다. 그렇게 나는 절벽 앞으로, 불구덩이로 내몰렸다. 비단 나 혼자만의 문제였을까.

대학에 더 이상 정의는 없다. 이제 학생회는 대의 기구가 아니라 서비스 센터다. 간식은 열심히 나눠주지만, 축제는 화려하게 진행하지만, 학생들의 권리침해에는 입을 닫았다. 학과가 말도 안 되는 이유로 폐과되고, 청소 노동자들이 부당한 대우를 받아도 학생회는 움직이지 않는다.

교수들도 별반 다르지 않았다. 민주주의가 후퇴한다고 시국 선언을 했던 교수들이 학내에서는 아무도 말을 하지 않는다. 아니, 탄압의 선봉을 자처하게 된 교수들도 있다. 대학의 본질을 찾는 학생들에게 교수들은 다치지 않으려면 조심하라는 말밖에 해주지 못했다. 자기 몸 하나 건사하려고 모두가 비겁했다.

내가 이 대학에서 배운 것은 정의는 꿈꿀 수 없다는 것이다. 현실의 벽은 너무나 거대하고 완고해서 무너지지 않을 것이고, 그렇기 때문에 그저 포기하고 순응하며 살아가라는 것이다. 모두의 문제가 아니라 개인의 문제를 고민하고, 경쟁을 통한 생존을 요구했다. 그렇게 대학은 세일즈하기 편한 상품을 생산하길 원했다. 하지만 대학은 기업이 아니고 나 또한 상품이 아니다. 난 결코 그들이 원하는 인간형이 되지 않을 것이다. 그래서 마지막 저항을 해보려 한다.

나는 대학을 그만둔다. 중앙대를 사랑하지 않기 때문이 아니다. 그 누구보다 중앙대를 사랑하고, 중앙대가 명문 대학이 되었으면 좋겠다. 그렇기 때문에 마지막으로 내 선택을 통해 말하고자 한다. 대학

은 대학으로서 가져야 할 최소한의 품위가 있어야 한다고. 진리와 정
의에 대한 열정이 있어야 한다고.

　나는 비록 중앙대를 자퇴하지만, 나의 자퇴서는 끝이 아니라 시작
이 되어야 한다. 대학을 복원하기 위해 모두에게 지금보다 한 걸음씩
의 용기를 요구하는 재촉이기도 하다.

　'의에 죽고 참에 살자', 중앙대의 교훈이다.

　떠나더라도 이 교훈은 잊지 않으려 한다.

　우리 모두가 기억했으면 한다.

　지금은 대학에 정의가 필요한 시기이다.

　　　　　　　　　　　　　　　　　중앙대학교 철학과 김창인

2장
—
사람이 미래다,
중앙대는 어떻게 괴물이 되었나

'대학 구조조정의 선봉' 중앙대

2014년 7월 28일 만난 정태영은
2013년 민속학과 학생회장, 전국 대학 구조조정 공동대책위원회 위원장이었다.

먼저 중앙대부터 만났다. 아니 만나야 했다. 내가 잘 알고 있다고 생각하지만 사실은 가장 어려운 문제부터 마주해야 했다. 내가 함께한 싸움이 어땠는지, 또 왜 져야 했는지 되돌아봐야 했다. 태영이에게 전화했다. 왜 책을 내려고 하는지 그래서 왜 너와 인터뷰해야 하는지 이야기했다. 태영이는 흔쾌히 동의해주었다. 태영이는 학교에서 함께 싸울 때도 자퇴 기자회견을 준비할 때도 힘이 되고 의지가 되어준 후배다. 그런데도 자퇴한 뒤 한 번도 연락하지 않았는데 반갑게 맞아주어 고마웠다. 우리는 중앙대 근처 카페에서 만났고, 오랜만에 지난날을 돌아보며 중앙대 구조조정에 대해 이야기했다.

중앙대 구조조정의 시발점은 2010년이다. 당시 태영이는 민속학과 새내기였다. 고등학교를 갓 졸업한 태영이는 등록금을 내자마자 자신의 학과가 사라진다는 이야기를 들었다. 3월 초에 민속학과에서 긴급회의를 했는데, 재학생과 교수 들뿐만 아니라 졸업생과 박물관 인사 들까지 함께한 규모 있는 형태였다. 태영이를 비롯한 신입생들은 충격을 받을 수밖에 없었다. 당시 신입생들은 '내가 입학한 거 맞지?'라는 이야기를 주고받으며 당황해 했다고 한다. 그러다 보니 폐과 대상 신입생들은 자연스럽게 기가 눌리고 위축될 수밖에 없었고, 불안감을 안고 대학 생활을 시작해야 했다.

민속학과 학생들은 개강 이후 곧바로 투쟁을 시작했다. 신입생들은 영문도 제대로 모른 채 탄원서와 진정서를 받으러 다녔다. 학내뿐만 아니라 민속학에 관련한 여러 인사를 직접 만나기도 했다.

2010년 중앙대 구조조정은 두산그룹이 인수한 뒤 중앙대 100주년 계획 'CAU2018+'을 세우면서 비롯되었다. 학교 본부는 중앙대 개교 100주년을 맞아 세계 100대 대학 안에 진입시키고자 학과 운영에 선택과 집중이 필요하다고 말했다. 그리고 이러한 선택과 집중의 대상은 경쟁력이 높은 경영대에 집중되었다. 박용성 전 이사장은 300명 경영대 정원을 1,200명까지 늘리겠다는 포부를 밝혔다. 이외에 하남과 검단 신캠퍼스 계획으로 학과 개편이 불가피하다는 점도 강조했다.

학교 본부의 구체적인 계획은 77개 학문 단위를 40여 개로 줄이겠다는 것이었다. 폐과의 대상이 된 학과들은 불어불문학과, 독어독문학과, 일어일문학과 등의 어문계열과 민속학과, 정치외교학과, 청소년학과, 아동복지학과 등 주로 인문사회계열이었다.

학내 여론이 들끓었고, 폐과 대상 학과는 각각 처절히 싸웠다. 본관 앞에 천막을 치고 농성에 들어갔고, 매일같이 선전전을 펼쳤다. 연일 뉴스에는 중앙대 구조조정에 대한 이야기가 보도되었다. 학교 본부는 타협을 시도하기도 탄압을 강행하기도 했다. 천막은 교직원들에게 강제로 철거당했고, 교수들도 투쟁에서 발을 뺐다. 결국 학교 본부는 폐과 대상의 학과들을 학부제 형태로 편입시키는 안을 최종 이사회에서 통과시켰다. 말이 학부제지 사실상 폐과나 다름없었다.

졸속적인 학부제의 폐해는 다음 해인 2011년도부터 바로 나타났다. 태영이가 속한 민속학과는 비교민속학 전공으로 개편, 아시아문화학부로 편입되었다. 아시아문화학부는 비교민속학을 포함한 중어중문학, 일어일문학 3개 전공으로 이루어진 학부제였다. 아시아문화학부는 단지 지역적으로 아시아라는 이유만으로 만들어진 학부였다. 그러다 보니 학부제의 장점이라고 주장했던 통섭과 같은 성격이 나올 리가 전무했다. 각 전공당 커리큘럼은 예전 학과 형태일 때보다 줄어들었다. 그러다 보니 통섭은커녕 해당 전공을 더 얕게 배우는 수준이 돼버렸다. 학부제의 장점이 전혀 발휘될 수 없는 구조인 것이다. 신입생들은 여러 전공을 들어보고 자신의 진로를 결정하는 것이 아니라, 1학년 때부터 전공 하나를 선택해 배워야 그나마 수준을 유지하며 따라갈 수 있었다.

게다가 전공별로 전공 필수과목이 줄어들다 보니 예상치 못한 문제들이 발생하기도 했다. 예를 들면 사회복지학부로 편입된 아동복지학과, 청소년학과, 가족복지학과 등은 학과제일 때 받을 수 있었던 사회복지사 자격증을 받을 수 없게 되었다. 사회복지계열을 전공했을 때 장점이었던 자격증을 받을 수 없다는 것은 그 전공의 경쟁력을 스스로 떨어뜨리는 일이었다. 민속학과 또한 학과제일 때 준큐레이터 자격증을 받을 수 있었는데 학부제로 전환되면서 전공 필수과목이 줄어들어 자격증을 받을 수 없게 되었다. 경쟁력을 강화하겠다는 명분으로 만든 학부제에서 오히려 해당 전공의 경쟁력이 떨어진 것이다.

학부제는 인원 방침도 없었다. 학교 본부의 작위적인 커리큘럼 조정으로 경쟁력이 떨어진 학과들은 신입생의 선택을 받기 어려웠다. 교수들과 선배들은 박용성 전 이사장의 바람대로 자신의 학과를 신입생들에게 세일즈해야 했다. 그럼에도 신입생들의 인기도에 따라 학과별 인원수는 큰 차이가 있을 수밖에 없었다. 본래 정원이 35명에서 40명가량인 학과 서너 개가 정원이 80명인 학부로 통합되면서 결국 정원이 줄어들었고 각 전공은 그 80명 안에서 치열한 인원 경쟁을 벌였다. 그렇게 폐과된 학과의 정원은 대부분 경영경제계열로 보충되었다.

군복무를 마치고 복학한 학생들은 전공과목이 사라져 수강 신청 때 당황하는 경우도 한둘이 아니었다. 학부제는 학과 사무실 운영 계획, 학생회 운영 지원 등 정해진 것이 아무것도 없는 상태에서 졸속으로 이루어졌고 교수와 학생 모두 정상적인 학과 운영은커녕 상황을 수습하기에 급급했다.

이와 같이 학부제는 처음 등장했을 때부터 여러 문제를 떠안고 있는 폭탄이었다. 온전히 유지되는 것이 더 이상할 정도였다. 결국 학교 본부는 2013년 구조조정을 통해 학부제에서 경쟁력이 없는 학과들을 정리하겠다는 입장을 밝혔다. 이것이 2013년 중앙대 구조조정이다.

2013년 3월 학내 언론인《중대신문》1주차 신문 1면에는 새로 취임한 이용구 총장의 인터뷰가 실렸다. 당시 인터뷰 내용 가운데는 구조조정에 관한 질문이 있었는데, 이용구 총장은 여태까지 구조조정은 물리적 통폐합을 하는 데 그쳤고 중요한 것은 물리적인 통폐합이 아니라, 화학적 통폐합이라고 밝혔다. 한 달도 되지 않아 학내에는 흉흉한 소문이 돌았다. 학교 본부에서 구조조정을 할 것이라는 내용이었다. 그리고 해당 학과에는 정태영이 속한 민속학과도 포함되었다. 태영이는 민속학과 학생회장이었고, 조급한 마음에 다음 날 아침 출근 시간에 맞춰 부총장실에 찾아갔다. 태영이는 김호섭 부총장과 면담을 했고, 돌아온 대답은 소문이 사실이라는 것이었다. 오히려 김호섭 부총장은 갑자기 태영이에게 폭언을 하며 화를 냈다고 했다. 태영이는 '너희 과를 무조건 없애겠다'는 이야기를 듣고 부총장실에서 나왔다.

학교 본부에서 제시한 폐과 대상 학과는 비교민속학, 아동복지학, 청소년학, 가족복지학, 총 4개 전공이었다. 모두 2010년 구조조정 당시 학부제로 편입된 전공들이었다. 구조조정의 이유는 학과의 경쟁력이 떨어졌기 때문이었다. 이 경쟁력은 교수 논문 게재 횟수와 재학생 충원율, 취업률 등이었다. 하지만 학교 본부에서 제시한 지표와 근거는 터무니없었다. 민속학과 교수들의 평균 논문 게재 횟수는 5편[1]이었고 평가도 굉장히 높은 편이었다. 취업률 또한 청소년학, 민속학, 아동복지학 전공 모두 상위권이었다. 재학생 충원율 또한 청소년학과는 2학년 정원이 20명으로 사회복지학부의 4개 전공 가운데 딱 4분의 1의 인원수를 유지했기 때문에, 인원수를 명분으로 하는 것은 어불성설이었다. 청소년학과를 제외한 학과들이 인원수가 적은 것이 사실이었다. 하지만 인원수의 경우 지나치게 단기간을 평가한 것이고, 인원 배분의 책임은 실질적으로 해당 학과가 아니라 학교 본부에 있었다. 특기자 전형이 없는 민속학과의 경우 다른 학과들에 비해 인원수 경쟁에서 밀릴 수밖에 없었고, 특기자를 제외하면 오히려 다른 전공보다 인원수가 많았다. 폐과가 결정된 민속학과의 2013년 신입생은 어느 해보다 많이 모집된 모순적인 상황이 발생하기도 했다.

이처럼 학교 본부의 구조조정 안은 논리적으로도 결함이 많았다. 하지만 학과 측에서 아무리 이야기를 해도 학교 본부의 입장은 변함이 없었다. '후퇴는 없다'는 기치 아래 구조조정 대상 학과와는 대화를 할 수 없다는 입장을 유지했다.

---

1   중앙대 전체 교수의 논문 게재 횟수 평균은 2.5편.

학생들은 투쟁을 준비했다. 학내에서 구조조정 공동대책위원회(이하 공대위)를 꾸려 해당 학과와 연대할 단위를 모았다. 공대위는 마침 총학생회가 준비하는 학생총회에서 구조조정에 대한 입장을 안건으로 올리고 의결해 학교 본부에 전달하기로 했다. 당시 총학생회는 비운동권을 표방했고, 학생총회 준비 과정은 허술하기 짝이 없었다. 홍보와 선전, 준비, 모든 면에서 부실했다. 하지만 그럼에도 학생총회가 성사되었다. 7년 만의 일이었다. 비가 내리는 좋지 않은 기상 조건에도 2,000명이 넘는 학생들이 운동장에 모였다. 학교 본부의 일방적인 운영에 밑에서부터 분노가 쌓인 결과였다. 그러나 총학생회는 학생총회 성사라는 결과 외에 아무것도 이루지 못했다. 2,000명이 넘는 학생들이 일방적인 구조조정을 반대하는 안건을 의결했음에도 학교 본부는 간단하게 무시해버렸다. 이후 공대위는 본격적인 투쟁에 들어갔다. 학교 본부에서 준비한 구조조정 공청회를 무산시켰고, 본관 앞에 천막을 치고 농성에 들어갔다. 몇 차례 문화제 형태의 집회도 열었고, 학우들에게 선전물과 풍선을 나누어주기도 했다. 플래시몹을 촬영해 외부에 알리기도 하고, 할 수 있는 모든 것을 다했다. 하지만 긴 농성에도 불구하고 학교 본부는 꿈쩍도 없었고, 결국 학생들은 총장실을 점거했다. 학생들은 시험 기간에 총장실에서 시험 공부를 하고 잠을 잤다. 총장실을 점거한 덕분에 학생 대표자와 총장의 면담이 성사되었지만 면담에서 얻은 성과는 하나도 없었다. 학생들이 요구한 것은 한 가지였다. 구조조정에 대한 본부, 교수, 학생을 주체로 한 협의체를 만들어달라는 것이었다. 협의체를 통해 논리적이고 합리적인 근거를 마련해 구조조정을 진행하자는 것이었다.

하지만 학교 본부는 학생들의 의견을 단 1퍼센트도 수용할 의사가 없었다. 학교 본부는 이사회에서 구조조정 안을 통과시키기 전부터 폐과 대상학과 학생들에게 전과를 권유했다. 곧 사라질 과이기 때문에 비전이 없다는 이유에서였다. 태영이가 속한 민속학과에서 전과를 한 인원은 두세 명에 불과했다. 다들 학과에 대한 애정이 깊은 까닭이었다. 하지만 이를 대하는 학교 본부의 태도는 학생들을 비아냥거리는 것이었다. 부총장은 학생 대표자들과의 면담 자리에서 '너희들은 개다. 짖는 것에 불과하다. 나는 너희와 대화하는 것이 아니라 음성을 교환하는 것뿐이다', '너희 학과에 들어가는 전기세나 수도세가 아까워서 없애는 것이다' 등 수많은 폭언을 일삼았다. 학교 본부는 학생들의 학과에 대한 애정 그리고 진정성을 단 한 번도 고려하지 않았다.

결국 구조조정 안은 통과되었고, 투쟁은 마무리되었다. 이후 법적소송으로 투쟁을 계속했지만, 그마저도 잘되지 않았다.

학생들의 여론은 나쁘지 않았다. 음료수 하나 건네며 격려해주는 학생들도 많았다. 투쟁하는 동안 하루하루가 감동이었다. 모두가 열심히 싸웠음에도 패배했다. 태영이는 패배한 원인은 시기 때문이라고 대답했다. 조금 더 일찍 정보를 파악하고, 조금 더 치밀하게 준비했어야 했다는 아쉬움을 토로했다. 하지만 그럼에도 중앙대의 투쟁

사례는 2010년부터 2013년까지 한국 대학가 전체에서 구조조정 투쟁의 한 사례로서 의미를 가진다고 보았다.

태영이는 이후 중앙대뿐만 아니라, 전국 대학 구조조정 공동대책위원회에서 위원장으로 활동했다. 중앙대에서 구조조정 투쟁을 한 경험으로 구조조정 문제가 있는 다른 대학들과 연대해 이 문제를 해결하고자 한 것이었다. 그는 대학 구조조정 문제를 해결하기 위해서는 연대와 공감대를 형성해야 한다고 말했다. 대학마다 구조조정 현황이 현저히 다르지만 그 본질은 같기 때문에 함께 싸워야 이길 수 있다는 것이다. 물론 그 선봉에 있는 중앙대의 문제를 해결하기 위해서도 연대가 필요하다. 단순히 중앙대 학생들과 박용성 전 이사장의 교육철학의 대립이 아니라 한국 대학가 전체의 문제이다. 1,200명의 경영학도를 키우겠다는 박용성 전 이사장의 교육철학은 현재 한국 대학가에 유행하는 흐름과 정확히 일치한다. 가시적인 성과를 내는 학과들만 키우려 하고, 인문학에 대한 필요성을 전혀 인식하지 못한다.

태영이는 사학법과 같이 대학이 권력을 유지하는 뿌리부터 연대를 통해 건드려야 한다고 말했다. 구조조정 투쟁을 이기기 위해서는 가지만 건드릴 것이 아니라 뿌리를 뽑아야 한다는 것이다. 또한 이를 위해 학내 구성원들의 공감대를 모으는 것이 기본이 되어야 한다고 말했다.

그는 마지막으로 자신의 꿈에 대해 이야기했다. 태영이의 꿈은 계속 공부를 하는 것인데, 교육이 상업화되면서 자신과 같은 사람들이 꿈을 꿀 수 없어 설자리를 잃어간다는 것이다. 대학이라는 공간은 본래 공부를 하고 싶은 사람을 위한 곳이다. 학문이 좋아서 공부를 계속하고 싶은데 그 꿈을 앗아가는 것은 교육의 역할이 아님이 분명하다.

인터뷰 후기

중앙대의 구조조정은 아직 현재진행형이다. 2014년 2학기가 시작하자마자 중앙대는 또 다른 구조조정 계획이 있음을 발표했다. 중앙대를 방문한 황우여 신임 교육부 장관은 사립대학 개혁의 모델이라며 극찬을 아끼지 않았다. 정부의 탄력적인 지원 아래 중앙대는 또다시 모범적인 구조조정을 계획하고 있다. 언론을 통해 박용성 전 이사장과 이용구 총장은 구조조정의 대상이 인문대와 예술대가 될 것이라는 것을 암시했다. 장기적으로 인문 대학은 교양 대학으로 개편될 것이라는 파격적인 대안 또한 제시했다.

학내 분위기는 사실 많이 가라앉아 있다. 학교 본부의 일방적인 구조조정 추진이 옳지 않다는 공감대도 있고, 언제 우리 과가 사라질지 모른다는 불안감도 존재하지만 구조조정 싸움에서 이길 수 없다는 패배감 또한 존재한다.

하지만 곧 폐과 대상 학과가 발표될 것이고, 해당 학과들은 승패

여부를 떠나 또다시 싸우게 될 것이다. 누군가는 더 치열하게 싸울 것이다.

나는 중앙대를 생각할 때마다 죄책감과 부채감에 시달린다. 어떻게 해야 이길 수 있을까 수도 없이 고민했지만 마땅한 해답을 찾을 수 없었다.

하지만 중앙대에서 막을 수 없다면, 대학 기업화라는 한국 대학의 전체적인 흐름을 막을 수 없다. 대학 기업화의 표상이 되어버린 중앙대에서 반드시 이기는 경험이 필요한 이유다. 학생들은 지켜보고 있고, 또 기억하고 있다. 2010년에서 2013년까지 학생들이 어떠한 권리를 잃어왔는지. 그리고 교육은 상품이 아니며 대학 또한 기업이 아니라는 자명한 진리는 시대의 변화라는 포장으로 가릴 수 없다. 모두가 무엇이 진짜 대학인지, 어떤 것이 대학을 위한 정의인지 그 진실을 알고 있다. 다만 지금은 진실이 이기도록 준비하는 과정일 뿐이다. 나는 결코 이를 의심하지 않으며, 이 과정이 조금 험난할지 모르겠지만 꼭 이겨나갈 것이라 믿는다.

왜 경영자가 1,200명이나 필요해요?

인터뷰이_진중권(동양대 교수, 전 중앙대 겸임 교수)

__김창인__ 교수님께서 중앙대 겸임 교수로 계실 때, 제가 신입생으로 입
학했습니다. 그때 교수님 수업을 한번 듣고 싶었는데 1학기가 채 끝
나기도 전에 재임용에 탈락[2]되셔서 끝내 듣지 못했어요. 지금도 굉장
히 아쉽게 생각하고 있습니다. 2008년에 두산그룹이 중앙대에 들어
왔는데, 당시 교수 사회나 중앙대 구성원들의 반응과 분위기가 어땠
는지 알고 싶습니다.

__진중권__ 나는 강사였기 때문에 교수 사회를 잘 알지 못해요. 느낌으로
만 알 뿐이죠. 박용성이라는 사람이 황당한 말을 많이 했잖아요? 이

---

2 2009년 진중권 겸임 교수는 중앙대에서 불분명한 사유로 재임용에서 탈락했다. 홍대와 카
   이스트, 한국예술종합학교에서도 마찬가지여서 대학에서 더 이상 일할 수 없게 되었다. 당
   시의 MB 정부에 비판적인 입장과 의견을 가졌기 때문이라고 추측한다.

사람은 기업가예요. 그런데 대학은 기업하고 논리가 다르거든요. 쉽게 말하면, 물론 대학이 기업을 위해 일하는 부분도 있지만, 기업을 비판하는 스탠스, 즉 기업과 비판적 거리를 둬야 하는 게 대학이잖아요. 그런데 이 사람은 대학을 거의 기업과 마찬가지로 보는 거예요. 그런 점이 분명하게 보여요. 그래서 회계였나요? '회계'를 교양 과목으로 추진하겠다고 했잖아요.

김창인 네, 교양 필수 과목입니다.

진중권 왜 회계를 교양으로 배워요? 그건 아니잖아요. 그런 걸 보면서 아찔했죠. 정말 무식하다, 정말 천박하다 생각했어요. 사실 기업가가 그렇게 천박할 필요도 없고, 모든 기업가가 그렇게 천박하다고 생각하지도 않거든요. 완전히 한국식의 천박함, 한국 기업의 천박함을 극단적으로 보여준 게 두산이 아니었나 싶어요. 가끔 두산 광고를 보면, 딱 너무 위선적인 거예요.

김창인 아 맞아요. '사람이 미래다'.

진중권 '사람이 미래다'. 딱 보는 순간 정말 이래도 되나 싶을 정도로 위선이 느껴지는 거죠.

김창인 그런 두산그룹을 재단으로 둔 중앙대가 지금은 대학 기업화의 상징처럼 언론에 계속 보도되고 있어요. 그래서 대학 기업화를 지향하는 대학들은 중앙대를 모델로 삼아야 한다는 이야기를 하는데 대학 기업화가 한국 사회에서 어떤 의미를 가지는지, 어떤 문제를 야기하는지 전반적인 흐름을 짚어주시면 좋겠어요.

진중권 일단 대학을 기업화한다는 것은, 쉽게 말하면 대학을 기업 요구에 맞는 기관으로 재편성하겠다는 이야기잖아요? 저는 그 발상 자체가 기업적으로 말이 안 된다고 봐요. 쉽게 말하면 이들이 생각하는 인재, 기업에 필요한 인재라는 것이 발상 자체가 낡았다는 겁니다. 이 맥락에서 인재는 산업화 발전 때의 인재예요. 그러니까 회계를 공부해야 한다는 말이 나오는 거죠.

그런데 지금 우리는 정보화 시대에 살고 있으니까 다른 유형의 노동이 필요하잖아요? 그건 오히려 대학의 자율성을 지켜줘야만 가능한 거거든요. 예를 들면 창의성 같은 거요. 예컨대 빌 게이츠나 스티브 잡스 같은 인간형을 요구하는 건데 이런 인재가 그들이 짜놓은 그룹에서 나오겠느냐고요.

대학생을 기업에 맞는 맞춤형 인재로 만들겠다는 건데 맞춤형 인간이라는 게 옛날 산업화 시대에나 맞는 낡은 틀이거든요. 최근 생산 자체가 콘텐츠화돼서 제품 자체보다는 브랜드, 디자인, 콘텐츠, 스토리텔링 같은 것을 생산하는 것에 초점이 맞춰져 있잖아요. 쉽게 말하면 물건을 생산하는 것이 아니라 정보를 생산하는 거죠.

그런데 그들이 요구하는 인재상은 말 잘 듣는 사람이거든요. 굉장히 낡은 옛날 모델을 가져온 거죠. 그래서 기업적으로도 말이 안 돼요. 대학만 놓고 보면 더 말이 안 되고요. 왜냐하면 대학이 가진 고유의 역할 가운데 하나가 그 사회의 문화를 담당하는 것, 지성과 지혜를 담당하는 거예요. 그리고 다른 하나가 사회에 대해 비판적 거리를 취하는 것인데, 이 두 가지를 못하게 막고 있어요. 이건 결국, 장기적으로 보면 사회에 마이너스죠.

김창인 박용성 전 이사장이 2010년 처음 구조조정을 시작했을 때 '정부 정책도 결국 다 국가 경쟁력을 강화하는 것'이라고 했거든요.

진중권 그러니까 국가 경쟁력을 강화하려면 이 사람들처럼 하면 안 된다는 거예요.

김창인 네, 그런데 대학 경쟁력을 강화해야 국가 경쟁력이 강화되니 대학 경쟁력을 강화하려면 대학끼리 경쟁시키면 된다는 거잖아요.

진중권 물론 대학끼리 경쟁할 수 있죠. 근데 어떤 경쟁을 하느냐가 중요해요. 딱 보면 그냥 경영학과 많이 만드는 경쟁 아니에요?

김창인 ___ 그렇죠. 아니면 취업률이나.

진중권 ___ 취업률 문제는 뭐냐면, 취업률은 대학이 고민할 문제가 아니라 기업가들이 일자리를 만들어내야 하는 문제라는 거예요. 대학보고 맞춤형 인재를 만들라고 하면 그래, 만들어주겠다. 그럼 일자리는 니들이 만들어야지 왜 대학한테 맡기느냐, 이게 맞는 거죠. 우리끼리 경쟁하면 일자리가 나오나요? 말이 안 되는 거죠.

김창인 ___ 그럼 대학 기업화 말고 대학 영리화에 대해서는 어떻게 생각하시나요?

진중권 ___ 대학 영리화는 굉장히 오래된 이야기예요. 특히 사립대학 같은 경우는.

김창인 ___ 그래도 아직까지 한국의 대학은 비영리인데, 이제 영리 법인으로 만들기 위해 법제화하려는 움직임이 있잖아요. 대학이 합법적으로 돈을 벌 수 있게 해주겠다는 거죠.

진중권 ___ 결국 기업화하겠다는 이야기잖아요? 불필요한 일이에요. 산학 협력 같은 형태는 당연히 필요하죠. 그런데 기업도 많은데 왜 대학까지 기업처럼 해야 하는지, 왜 대학이 돈을 벌어야 하는지 모르겠어요. 기업과 대학은 목표가 다르잖아요. 대학이 기업화되려면 대학 본연의 목표나 과제는 뒷전으로 미뤄야 하는데, 그럼 대학 자체가 파괴되겠죠.

김창인 그런데 학령인구가 감소해 어쩔 수 없이 대학 정원을 줄어야 하고, 이 과정에서 부실 대학은 사라질 수밖에 없다고 하잖아요. 대학을 평가하는 가장 비중 있는 지표가 '취업률'이라는 것이 문제라고 하는 사람들이 많습니다. 학생 입장이 아니라 교수 입장에서 대학 구조조정을 어떻게 보시는지 궁금합니다.

진중권 대학 구조조정은 필요해요. 왜냐하면 10년쯤 지나면 우리 사회가 고령화 사회로 접어들 거예요. 그런데 대학 정원이 고등학교 졸업자 숫자보다 많은 상황은 사실 비정상적이죠. 우리나라는 고졸자의 40퍼센트, 많게는 50퍼센트 정도가 대학에 가는 게 정상일 거예요. 전체 인구가 줄고 있으니 당연히 대학은 구조조정이 될 수밖에요. 이 과정에서 부실 대학이 퇴출되는 건 맞다고 봐요.

　하지만 지금은 그게 아니라 인문학을 없애려는 거잖아요. 순수 학문 없이 응용과학이 있을 수 없고, 응용과학 없이 산업 기술로 넘어갈 수 없어요. 근데 지금의 대학 구조조정은 딱, 나무가 있는데 열매만 따먹겠다, 키우는 건 안 하겠다는 거예요. 그러니까 나무 위만 손보고 아래에 거름을 주는 건 잊어버려요. 그렇게 없애버려서 나중에

열매도 맺지 못하게 만드는 거죠. 이게 순수 학문을 죽이는 거예요. 이과의 순수 학문, 인문학이 죽는 거죠. 내가 볼 때 이 순수 학문과 인문학이야말로 미래의 경쟁력이거든요. 당장 눈앞의 이익에만 눈이 멀면 결과적으로 학문은 초토화돼요.

김창인 인문학이 제일 심하게 초토화되고 있는데, 왜 그럴까요?

진중권 제일 만만하니까요. 쉽게 말하면, 인문학과 순수 학문은 직접적으로 눈에 보이는 것을 보는 게 아니라 한 단계를 더 거쳐 관련된 부분을 보는 거잖아요. 마치 열쇠고리처럼요. 이런 식으로 보지 못하는 사람들은 순수 학문과 인문학의 필요성을 못 느껴요.

그런데 미래는 판타지 사업 같은 거거든요. 우리는 허구적인 정보와 브랜드와 디자인과 스토리텔링 같은 것을 생산해요. 스타벅스에서 커피를 마실 때는 스타벅스의 문화 안에 있는 거고, 애플 컴퓨터를 사용할 때는 애플 사용자가 만든 애플 공동체 안에 있는 거예요. 이런 부분을 전체적으로 이해하지 못하는 거예요.

다시 말하면, 산업혁명 시대에는 기계를 상수로 놓고 인간을 기계에 끌어다 맞추었어요. 그런데 정보혁명 시대에는 거꾸로 인간을 상수로 놓고 기계를 끌어다 맞춰요. 그러니까 제품을 생산하기 위해서는 일단 인간에 대한 이해가 있어야 하는데 그게 없어요. 이게 바로 삼성이 애플을 못 따라가는 이유예요.

김창인　지금 중앙대에서 엄청나게 큰 규모로 구조조정[3]을 하고 있어요. 겉만 보면 그럴싸하다는 이야기도 많지만, 내용을 들여다보면 결국 대학의 모든 과를 없애자는 거예요. 1학년에게 교양으로 인문학을 가르치고, 2학년을 마친 다음 과를 선택하게 하는데, 이중 전공 제도를 도입해 전공을 두 가지 공부할 수 있게 해 융복합을 달성하자는 구조예요. 이런 체계는 어떻게 생각하세요?

진중권　대학 체계는 이렇든 저렇든 상관없어요. 하지만 그런 시스템에서 인문학을 선택하는 사람들이 있을까요? 없을 거예요. 그게 문제예요. 결국 인문학을 없애겠단 의도죠.

　정상적인 시스템에서라면 오히려 더 좋을 수도 있죠. 인문학을 공부한 다음 과를 선택하면 얼마나 좋겠어요. 이론적으로는 그렇죠. 문제는 지금과 같은 상황에서는 인문학을 공부할 사람이 없어지게 된다는 것이죠. 인문학 하는 사람들이 생산이 안 된다는 이야기예요. 인문학 없이 대학이 어떻게 존재하나요?

　그리고 융복합이라는 말에 속으면 안 돼요. 제가 중앙대에서부터 카이스트, 한예종, 그리고 지금까지 융복합을 해왔잖아요. 중앙대는 인문학이고, 카이스트는 기술, 한예종은 예술, 다 통섭 작업을 했어요. 근데 지금 대학에서 떠드는 융복합에서 문제는 통섭의 주체가 없다는 거예요. 말이 융합이지, 가르칠 사람이 없는데 뭘, 어떻게 융합을 해요. 말만 그러는 거예요. 실제로 그걸 혼자서라도 준비해온 사람이 있나요? 그러니까 융복합 사업에 쓰는 돈도 다 혈세 낭비예요. 10년 전부터, 내가 제일 오래해온 사람이잖아요. 그래서 상황을 잘 알아요. 외국에는 누가 지원하지 않아도 혼자 30, 40년 해온 사람들이 있어요. 그 사람들이 나중에 교수가 돼서 가르치는데, 우리나라는 그런 인재를 채용한 적이 없어요. 저는 그걸 누구 도움도 받지 않고 혼자 배워서 했어요.

융복합이 필요하다는 건 인정해요. 준비해온 사람이 얼마나 되느냐 봤을 때, 지금 가르칠 수 있는 것처럼 이야기하거나 지금 당장 하자는 건 거짓말이에요. 지금부터 만들어가자고 하면 나는 오케이.

김창인 사회적으로나 언론에 보도되는 걸 보면 인문학이 대세라고 하잖아요. 서점에 가도 베스트셀러 안에 인문학 책이 많고, 기업 입사 시험에 한국사를 넣기도 하고, 인문학적 인재를 찾는다고도 말해요. 그런데 정작 대학에서는 인문학을 가르치려 하지 않는 것 같아요. 전공하려는 학생이 없기도 하지만요. 굉장히 모순적이지 않나요?

진중권 모든 평가 기준이 취업률에 맞춰져 있어서 그래요. 기업은 뻔해요, 점수화된 것을 보고 뽑죠. 기업이 점수화될 수 있는 것만 계속 보다 보면 대학 교육도 그렇게 갈 수밖에 없어요.

그런데 실제 기업 입장에서 보면 옛날과 다르거든요. 세계 시장에서 봐도 완전히 다르다는 걸 기업은 알아요. 그래서 열심히 떠들어요. 사내에서 인문학도 하고. 나 같은 사람 불러 강연도 듣고 할 것 다해요. CEO들도 인문학 공부 다 해요. 그런데 문제는 사람을 뽑을 때는 그렇게 안 뽑는다는 거예요. 그러니까 지금은 확실하게 제대로 인식을 못하고 있는 것 같아요. 박용성 씨는 절대 이해 못할 사람이고요.

김창인 인문학을 전공하는 사람 입장에서, 인문학 자체에서 이 상황을 극복하기 위해서는 어떻게 해야 할까요?

진중권 인문학은 크게 두 가지가 있어요. 하나는 인문학 자체, 옛날 고전적인 인문학, 이건 계속 존재할 수밖에 없어요. 누군가는 셰익스피어를 연구해야 하거든요. 또 하나가 좀 아까 이야기한 융복합, 통섭이에요.

미디어 환경이 텍스트에서 이미지로, 사운드로 바뀌었잖아요? 이것이 디지털 시대의 특성이에요. 인문학은 바로 이 텍스트 문화예요. 미디어 환경이 바뀌어서 고전적인 의미에서의 플랫폼이 더 이상 안 먹혀요. 사람들이 책을 안 봐요. 주로 이미지나 사운드로 정보 소통을 해요. 하지만 이런 이미지나 사운드 밑에는 항상 텍스트가 깔려 있어요. 쉽게 말하면 우리가 접해서 아는 건 2차 기술 영상이라는 거죠.

한마디로 우리가 보는 인터넷 이미지 밑에 프로그램이 깔려 있듯이, 텍스트를 가지고 이미지를 만들어요. 방송도 방송 밑에 텍스트가 깔려 있거든요. 근데 이게 보여요, 안 보여요? 안 보여요. 그래서 없는 것처럼 느껴지는데, 사실 텍스트 없인 아무것도 만들 수 없어요. 밑에서 이미지나 사운드를 받쳐주는 역할을 하는 게 인문학의 또 다른 역할이죠.

옛날에는 대중이 정보를 읽었다면, 지금 대중은 정보를 보거나 듣는단 말이죠. 이때 관계 맺음을 잘해야 해요. 이미지와 사운드 안에서의 새로운 인문학, 제가 크게 관심 가지는 부분이에요. 이미지 인문학 같은 것. 핸드폰이나 게임같이, 지금 대중의 생활 속에 인문학적인 게 굉장히 많아요. 이런 식으로 인문학도 바뀌고 있어요.

김창인 인문학이 아닌, 학과 통폐합 대상 과 가운데 예술계열이 생각보다 굉장히 많거든요. 왜 그런지 이해하기 어려워요. 그런데 예술계열에 취업률이라는 잣대를 들이대는 건 이상하잖아요?

진중권 예술가들은 원래 프리랜서예요. 쉽게 말하면 인문, 예술, 기술, 이 세 가지의 통섭이 융합인데, 그 사람들은 기술만 보고 있는 거예요. 나머지는 사고에 없어요. 딱 산업혁명 때 이야기죠.

정보혁명 시대에 기술을 만들려면 인간을 알아야 해요. 제품보다 더 중요한 건 디자인이에요. 삼성과 애플의 경쟁에서 애플은 디자인

특허를 걸고, 삼성은 기술 특허를 걸잖아요. 애플이 한 발 앞선 거예요. 이런 인식이 없기 때문에 인문학, 예술을 없애도 된다고 생각해요. 딱 산업혁명 수준이라는 거죠.

김창인   그럼 대학이 본디 이 세 가지를 다 배우는 공간이라는 말씀인가요?

진중권   네, 그렇죠. 그런 거예요. 대학을 그냥 그대로 놔두면 되는데 인문학, 예술 같은 걸 없애려 하니까 이상해지는 거죠. 그다음 단계는 이것들을 나눈 벽을 허무는 작업이거든요. 이게 통섭이니 융합이니 하는 것이죠. 근데 아예 없애버리려 하죠. 아까 제가 이야기했잖아요. 이미지가 있고, 그 밑에 텍스트가 있다. 텍스트는 알파벳과 숫자예요. 숫자가 공학이고 알파벳이 인문학이죠. 이미지가 예술이잖아요? 딱 이렇게 세 가지를 함께 가져가는 게 정보혁명의 공학이라는 거죠. 이것이 통합이니 융합이니 통섭이니 하는 것이죠. 그런데 텍스트 없애고 예술 없애고 공학만 하자, 딱 산업혁명 모델인데, 낡은 사고방식이에요.

근데 기업하는 사람들도 이런 흐름이 틀렸다는 것을 아니까 이것도 중요하고 저것도 중요하다, 말만 해요. 두산 광고랑 크게 다르지 않아요. '사람이 미래다.'

김창인 굉장히 재미있군요. 지금 대학에서 구조조정에 대해 설명하는 맥락과 아주 비슷해요. 벽을 허물어야 한다, 없어지면 된다.

진중권 그게 잘못되었어요. 벽을 허문다는 것은 과를 없앤다는 말이 아니에요.

김창인 통폐합을 하면 마치 융복합이 되는 것처럼요.

진중권 그게 제일 무식한 생각이에요. 그렇게 융복합을 하면 안 돼요. 융복합은 T자형이에요. 우선 전공이 있고 그다음 폭넓게 알아서 융복합하는 거죠. 자기 전공 없이는 안 돼요. 저도 미학을 전공했고 미학에 대한 깊은 지식이 있기 때문에 예술하고도 뭔가를 만들고 그러는 거지 전공이 없으면 죽도 밥도 안 되는 거죠. 융복합 때문에 과를 없앤다는 건 잘못된 거예요.

김창인 조금 다른 이야기로 넘어갈게요. 저는 한국 사회에서 대학은 역사적으로 특수성을 갖는다고 봐요. 대학이 민주화 운동을 주도해왔잖아요. 사회정의와 민주주의의 상징이었고요. 그런데 지금의 대학생은 과거 386세대 때와 다르다는 이야기가 많습니다. 제가 봐도 달라요. 지금의 대학생들은 사회문제나 사회정의에는 관심이 없고, 개인적인 문제나 스펙에 관심이 많은데, 왜 그런 걸까요?

진중권 일단 역사주의가 몰락했고요. 중앙대만 해도 원래 의혈중대였 잖아요. 이런 이미지가 사라진 건 어쩔 수 없는 부분이 있어요. 역사 주의는 본래 텍스트 문화인데, 텍스트 문화가 몰락하면서 함께 몰락 한 거죠. 우리 사회는 상당 부분 민주화되었거든요. 물론 아직도 민 주화되어야 할 부분이 남아 있긴 해요. 제가 대학 다니던 전두환 체 제 같은 말도 안 되는 체제에 비하면 많은 문제가 해결되었죠. 대학 생이 나설 필요가 없어진 거죠. 민주주의 형식과 시스템이 어느 정도 작동하고 있으니까요.

또 다른 문제는 완전고용이에요. 우리 때만 해도 완전고용에 가까 웠거든요. 쉽게 말해 대학을 나오면 취직은 그냥 됐어요. 더 좋은 데 를 갈지 말지를 고민했지, 취직 자체를 고민하지는 않았어요. 그런데 한국 사회가 경제적으로 우경화되면서 완전고용 시대가 끝났어요. 더 이상 개발도상국이 아니에요. 그래서 취직 문제가 떠오른 거죠. 사회문제에 대한 관심이 줄고, 자기 개인적인 문제에 관심을 가질 수 밖에 없는 건 당연해요.

문제는, 새로운 사회적 문제가 있다는 거예요. 예를 들어 학교에서 시키는 대로 다했어요. 스펙 쌓고 뭐 쌓고 뭐 쌓고 학점 관리까지 다 했는데 취직이 안 되면? 더 이상 여러분 문제가 아니라는 거예요. 사 회구조적인 문제죠. 근데 이 사회구조적인 문제를 해결하려는, 집단 적으로 해결하려는 노력이 없어요. 그게 유감이죠. 사회적인, 정치적 인 의식이 많이 형성되어 있지 않다는 말이죠. 이런 문제를 사회적으로 같이 해결하기보다는 개인적으로 해결하려고 하는 것, 예컨대 나만 잘되면 되겠지 하는 것이죠.

근데 실업률이 10퍼센트라고 하면, 아무리 다들 잘한다고 하더라도 반드시 10퍼센트는 실업자가 될 수밖에 없잖아요. 이 문제를 어떻게 할 거냐는 거죠. 결국 사회적으로 합의해서 해결하는 수밖에 없어요. 예를 들어 대학 반값 등록금만 해도 박근혜 대통령 공약이 되었잖아요. 이렇게 대학생이 움직이면 정치권에서도 응하거든요. 애초 요구를 잘 안 하는 게 유감이에요. 그리고 요구해야지 사회 시스템이 교정돼요. 누가 봐도 잘못됐는데 다들 개인적으로만 해결하려고 하고, 힘이 모아지지 않으니까 문제가 그대로 남을 수밖에요.

김창인   요즘 제 주변 20대를 보면 일반적인 정서가 정치적인 이야기, 사회적인 이야기를 할 때 '객관과 중립' 같은 걸 굉장히 중요하게 생각하거든요. 이야기를 꺼내는 것 자체를 굉장히 부담스러워하고요. 심지어 '세월호' 이야기마저도 '너무 지나치게 한쪽 이야기인 것 같다. 극단적이다'라고들 해요. 대대수의 사람들이 그런데, 우리가 원래 그렇게 태어난 건 아니지 않나요?

진중권   어쩔 수 없는 것 같아요. 결국 사람들이 선택하는 거잖아요. 근데 우리가 1987년에 데모할 때도 대부분의 사람들은 '대학생이 공부나 하지 왜 데모를 해?' 하며 욕했어요. 그러다 6월이 되자 그랬던 사람들이 김밥 사주고 물 떠다주고 하는 거예요. 갑자기 사람들이 다 미쳐버렸나 하는 생각까지 했어요. 그러니까 현상적인 반응에 신경 쓸 필요는 없어요. 청년 대학생들의 움직임이 없는 게 아니잖아요. 청년 유니온 등 이런 움직임이 중요하다고 생각해요. 꼭 사회운동을 하지 않아도, 국회의원들하고 같이 입법화하는 것과 같은 노력을 할 수 있잖아요. 이런 노력들을 꾸준히 해야 해요.

사람들은 때가 왔을 때 무섭게 폭발해요. 중요한 건 그때 폭발한 에너지를 끌고 갈 준비를 평소에 하고 있느냐인 거죠.

김창인 저는 대학을 다니면서 희망이 없는 것 같다는 생각을 많이 했어요.

진중권 우리 때도 그랬어요. 생각해봐요, 전두환이 총 잡고 있는데 당연히 희망이 없죠. 그때는 나쁜 놈이 눈에 보여서, 저놈이 나쁜 놈이라고 입증하는 건 어렵지 않았어요. 그런데 지금은 적이 없잖아요. 그때보다 지금이 더 어려워요. 옛날에는 말 잘못하면 잡아갔거든요. 근데 요새는 사회적으로 저항하려고 하는 학생이 있다면, 기업에서 안 뽑아주거든요. 잡아가면 항의라도 하는데 안 뽑아주면 뭘 할 수 있겠어요. 밥줄을 끊어놓는 건데. 이런 분위기가 학생들이 사회적인 활동에 나서는 걸 어렵게 하는 요인이죠.

김창인   이런 현실을 극복하고 변해야 하는데요, 대학은 사회적으로 어떤 역할을 해야 하고, 그러려면 어떻게 변해야 할까요? 어떻게 이야기를 풀어나가면 좋을까요?

진중권   교육이라는 것은 크게 둘이에요. 하나는 사회적 노동력의 재생산, 또 하나는 교양이에요. 쉽게 말하면, 교양은 나를 위한 거고 노동력 재생산은 사회를 위한 거죠. 이 두 가지가 다 잘되어야 하는 거죠.

먼저 사회적 노동력의 재생산이라는 관점에서는 지금의 대학 구조조정은 산업화 시대에 어울릴 만큼 낡았어요. 구조조정을 해도 대학이 경쟁력을 가질 수 없는 이유가, 지금 세계는 상상력 경쟁을 하는데 대학 운영자들은 기술 경쟁을 하려고 하기 때문이에요. 중국하고 우리하고 기술 경쟁을 하는데, 3, 4개월 차가 난다고 해요. 중국은 노동력이 싸니까 똑같은 성능의 제품을 반값에 만들고 있잖아요.

우리도 빨리 상상력 담론으로 가야 하는데, 지금 대학의 구조조정은 상상력은 제쳐두고 그나마 있는 싹도 없애려고 하잖아요. 인문학 없애고 예술 없애고.

두 번째가 교양인데, 맞춤형 인재를 만들어달라는 건 교양을 포기하겠다는 말과 같아요. 기업을 위한 인재를 만드는 것이니 등록금은 기업이 내줘야 하는 거예요. 왜 우리 부모가, 학생이 등록금을 내냐고요. 여기서 중요한 것은, 우리가 삶을 양이 아니라 질적인 관점에서 보고 있다는 거죠. 대학도 이런 관점으로 변해야 해요.

한편으로 교양 있는 사람들은 결국 사회적 노동력, 즉 창의력 있는 인재가 돼요. 교양을 버리고 사회적 노동력만 취하자 들면, 이도 저도 안 될 뿐만 아니라 전체적으로 망가져요. 개인의 교양도 사회적 노동력도. 문제죠.

대학 구조조정은 물론 필요한데, 방식이 잘못되었어요. 훨씬 더 교양을 강조해야 해요. 교수 한 명당 담당 학생 수가 적지 않은 상황에서 학생 수가 줄면 인력을 연구 쪽으로 많이 돌려야 해요. 어차피 자르지도 못할 테니 이왕이면 상당 인력을 고도화하면 좋잖아요. 그런데 경영대가 몇 명이라고요?

김창인 중앙대 경영대 정원이 지금 900명에 달하는데, 1,200명까지 늘린대요.

진중권 미친 짓이죠. 왜 경영자가 900명, 1,200명이나 필요해요? 말이 되나 이게. 그럼 노동은 누가 해요? 아이디어는 누가 내고, 디자인은 누가 하며, 스토리텔링은 누가 만들어요?

한번 보세요. 경영대 하면 그들은 CEO를 떠올렸을 텐데, CEO는 두 그룹이 있어요. 하나는 이건희, 제일 잘나가죠. 두 번째가 잡스. 딱 봐도 차이가 나잖아요. 이건희는 그냥 경영자고, 잡스는 약간 예술가잖아요. 이 차이거든요. 그들은 이건희 같은 사람만 잔뜩 만들어내겠다는 거예요. 그럼 잡스 역할은 누가 해요? 그 밑에서 일할 사람은 누가 있죠?

취업률을 높이려고 경영대 정원을 늘리는 건데, 전국 모든 대학이 다 따라하겠죠. 대한민국 리더만 늘어나겠어요. 이게 뭐하는 짓이냐고요.

김창인 대학 기업화는 사실 신자유주의 이후, 한국 사회만이 아니라 세계적인 추세이자 전반적인 흐름이잖아요. 선생님께서는 독일에서 공부하셨는데, 유럽과 한국 대학의 가장 큰 차이점은 무엇인가요?

진중권 유럽은 대학이 공짜예요. 아이들을 함께 잘 기르고 잘 교육해서 함께 그 덕을 보자는 주의거든요. 사회주의적인 관점이죠.

재정적으로 힘든 부분도 있겠죠. 아내가 독일에서 공부하고 있는데, 등록금이 100만 원이에요. 독일은 우리보다 소득이 두 배, 물가도 두 배 높으니까 우리 돈으로 50만 원인 셈이죠. 심지어 장학금에는 생활비가 포함되어 있어요. 전보다 나빠진 게 이 정도예요.

근데 독일 대학생들이 데모를 했어요. 데모하지 않으면 5만 원이던 등록금이 100만 원까지 오를 거라는 이유였는데, 진짜 나중에 100만 원이 되더라고요. 무엇보다 헌법재판소에서 등록금 위헌 판결을 내려서 돌려받았다는 게 중요해요. 심지어 제가 유학 때 낸 등록금을 돌려받았어요. 유럽은 대학원 박사까지 학비가 다 공짜예요. 이것이 교육에 대한 관점의 차이죠. 문제를 나 혼자 해결하는 게 아니라 우리가 함께 다 같이 해결한다는 개념이죠.

김창인   유럽처럼 한국 사회에서 사회적 합의가 잘 이루어지지 않는 이
유는 무엇인가요?

진중권   우리나라에는 기업가 권력이란 게 있기 때문이죠. 기업가가 전
권을 휘두르기 때문에 이들이 하는 일을 통제할 수가 없어요. 유럽에
는 무식한 기업가가 없고, 노블레스 오블리주나 기업가 윤리 같은 걸
지켜요. 예컨대 빌 게이츠도 죽으면 전 재산을 사회로 환원한다고 하
잖아요. 이런 기업가들하고 땅장사해서 부자 된 졸부, 천박한 인간들
하고는 차원이 다르죠. 우리나라는 기업가 윤리가 없어요. 천박한 자
본주의예요. 두 번째로는 워낙 막강해서 기업가들의 권력을 견제할
수가 없어요. 사실 민주주의를 더 진척시키지 못하는 이유죠.

김창인   교수님을 만나기 전에 구조조정을 경험한 대학을 돌며 인터뷰
를 했어요. 어느 과가, 어느 단과대가 어떻게 싸웠는지 듣고 왔어요.
알고 보면 상당히 어려운 상황이에요. 대부분의 싸움을 다 져요. 구
조조정 문제를 해결하지 않으면 대학이 다 무너질 텐데요. 2010년에
두산그룹이 구조조정을 시작하면서 경영학과 정원을 1,200명까지 늘
리겠다고 한 게 그때는 상상도 못했는데 이게 현실로 나타나고 있거
든요.

진중권 학생들한테 무슨 과 할래, 미학 할래, 경영학 할래, 하고 물으면 당연히 경영학을 선택하겠죠. 이러면 사회적인 노동력이 재생산되지 않아요. 사실 알고 보면 선배들도 매번 졌어요. 4.19에 이어 5.16도 졌죠. 6월 항쟁 때 이겼나. 선거에서 졌죠. 하지만 지고 또 졌어도 사회는 계속 바뀌어왔거든요. 제가 볼 때 한번 망해봐야 해요. 자본주의 사회가 이렇게 가서는 안 된다는 것이 보일 때 스스로 바뀌죠. 그럴 수밖에 없겠죠.

싸우는 것도 중요한데 또 중요한 건 뭐냐면, 사회적 필연성을 봐야 한다는 거예요. 지금 대학이 가고자 하는 방향이 맞는지. 제가 볼 땐 아니거든요. 오래 못 가요. 그때 누가 대안을 갖고 준비했느냐에 달린 거죠.

우리가 어떻게 정부와 싸워서 이기겠어요, 그것도 매번. 우리는 늘 지면서 이겼어요. 싸우다 보면 아마 소소한 승리도 했을 거예요. 크게 보면 매번 질 수밖에 없다는 게 너무나 당연하고, 그러다 가끔 조그마한 승리도 있는 거죠. 쌍용차 절반의 승리처럼. 이러면서 조금씩 사회가 달라지는 거죠.

지금 자퇴를 했으면, 자퇴해서 잘살 수 있다는 걸 보여주는 것도 굉장히 좋은 투쟁이 될 수 있을 것 같아요.

인터뷰 후기

2015년, 현재 중앙대는 또 다시 구조조정으로 학내 갈등을 겪고 있다. 학교 본부는 '학사구조 선진화 계획'을 발표하고 2016년부터 대학 체제 전반에 걸친 개편을 준비하고 있다. 이번 구조조정은 지금까지와는 비교되지 않을 만큼 큰 규모이다.

그 내용은 지금까지의 대학 구조를 이룬 학과제를 전면 폐지한다는 것이다. 간단히 말해 단과별로 신입생을 모집해 1, 2학년 때는 교양 및 전공 기초를 배우고, 2학년 1학기가 지나면 주전공을 선택하게 한다. 물론 이때 학교 본부가 애지중지하는 특성화 학과는 선택에서 제외된다. 각 전공은 서로 경쟁해야 하고, 여기서 학생들이 선택하지 않은 비인기 전공은 다빈치 칼리지[4]에 편입된다. 결국 잘나가는 학과 몇 개를 제외하고, 서로 경쟁시켜 이기면 살려주고 지면 없앤다는 것이다. 어느 학과가 없어질지 궁금했는데 모든 과가 없어질 판국이다. 실로 대학의 근간을 뒤흔들 만한 계획안이다. 대학은 기본적으로 '학문 공동체'인데, '학문'과 '공동체'를 동시에 파괴하는 구조조정이기 때문이다.

학교 본부에서 주장하는 이번 구조조정의 가장 큰 목표는 바로 '융

---

4 2015년 중앙대 학사 구조 선진화 계획 내용 가운데 하나로 지원율이 낮은 몇몇 전공을 융복합해 학생들에게 제공하는 새로운 시스템.

복합'과 '인문학 교육 강화'이다. 하지만 '융복합'은 결코 '통폐합'이 아니다. 추측건대 다빈치 칼리지는 비인기 학과들을 모아놓은 것인데 이것이 바로 융복합이라는 발상은 황당하기 그지없다. 기본적으로 융복합은 기존 질서와는 다른 새로운 방향과 방식을 창출하기 위한 것이다. 그렇기 때문에 취업률이 우선인 기존 질서에 편입하는 융복합 자체가 적절하지 못하다. 또한 A를 배우고 B든, C든, D든 자신이 주체적이고 창조적으로 결합해내는 것이 융복합이지, AB를 가르친다고 융복합이 되는 것은 절대 아니다.

그리고 인문학 중심 교육을 목표로 인문학 학과를 없애고 1학년 교양으로 확대한다는 계획 또한 어처구니 없다. 인문학은 다른 학문을 잘하기 위한 수단이나 도구가 아니라, 그 자체가 목적인 학문이다. 인문학 교양을 확대하고 싶으면 교양 과목을 튼실하고 다양하게 준비하면 되지, 인문학 자체를 보조 학문으로 개편할 필요는 없다. 게다가 대학이 대학다워야 제대로 된 인문학이 보장되지, 대학이 반인문적인데 무슨 자격으로 인문학을 논한단 말인가? 인문학 위에 대학이 있는 것이 아니라, 대학 안에서 인문학이 숨 쉬는 것이다.

겉으로만 보면 그럴싸한 중앙대의 구조조정 계획에 많은 학생이 혼란스러워했다. 심지어 세련돼 보이기까지 한 이번 구조조정 계획은 미래 대학의 모습을 현실화하는 것처럼 느껴졌다. 하지만 진중권 교수와의 인터뷰를 통해 학교 본부의 구조조정 명분이 허울뿐이라는 것에 확신이 생겼다.

'꽃은 꽃일 뿐 뿌리가 될 수 없다'. 한때 유행했던 드라마에 나온 문구다. 융복합은 꽃일 뿐 뿌리가 될 수 없다. 대학의 뿌리를 부정하면, 이미 대학이 아닌 것이다.

'교직원'에서 '교' 자는 붙기도 하고 안 붙기도 해요

인터뷰이_교직원(중앙대 교직원, 익명)

김창인 흔히 말하는 대학의 3주체는 교수, 학생, 교직원입니다. 그런데 교수나 학생 이야기는 들어봤지만 교직원 이야기는 거의 들어본 기억이 없어서 한번 듣고 싶었어요. 인터뷰에 응해주셔서 감사합니다.

대학 교직원은 아무래도 교육 분야에 종사하기 때문에 일반 회사원과 역할에 대한 고민이 조금 다를 수 있다고 생각합니다. 그렇다면 본디 의미에서 대학을 이야기할 때 교직원의 역할은 무엇이라고 생각하세요?

교직원 '교직원'에서 '교'자가 붙기도 하고 안 붙기도 해요. '교' 자가 붙느냐 안 붙느냐에 따라 업무에 임하는 자세가 다르겠죠. 아니, 달라야 합니다. 교육에 일조한다는 생각이 학생과 교수를 대하는 자세에 사명감 같은 것을 깃들게 하거든요. 그러나 요즘에는 '교' 자를 안

붙이는 추세입니다. 교육기관에 근무하는 사명감보다는 사무직 또는 서비스직에 종사하는 사람들과 다를 바 없는 역할을 요구받기 때문이라고 생각해요.

직원의 지위는 법적으로 보장한 위상에서 확인할 수 있어요. 사립학교법에 근거가 나오는데 보칙 제70조2(사무기구 및 직원)에 따르면 사무직원과 관련한 내용은 정관으로 정하도록 되어 있어요. 보칙에 기술된 것만으로도 충분히 직원의 위상이 어떤지 알 수 있죠. 법률적 위상이 매우 열악해요.

대학에서 학생은 보다 잘 배우고, 교수는 보다 잘 가르치도록 하기 위해 어떻게 행정을 하느냐가 우리 교직원들의 역할이겠죠. 무조건적으로 지원하는 것이 아니라, 대학의 사명을 잘 이행할 수 있도록 하는 거죠. 학교가 잘 돌아가게 지원하는 게 기본 역할이고 때로는 대학의 발전이라는 측면에서는 교수들이 원하는 방향과 배치되는 방향으로도 일해야 한다고 생각하지만, 현실적으로는 불가합니다. 대학도 하나의 조직이고 직원은 그 조직의 위계질서에 따라 움직이잖아요. 한국의 대학 행정은 오랫동안 교수들이 주도해왔어요. 실제로 교수들이 총장직까지 포함해 거의 모든 부서의 부서장을 차지하고 있기 때문에, 대학 내 주된 권력층인 교수들로부터 독립된 행정을 담보하지 못하고 있어요. 그러다 보니 행정은 본래 역할을 하지 못하고, 직원들도 자기 역할을 못하는 것이 현재 대학의 상황이 아닐까 생각합니다.

김창인 아까 '교' 자가 붙기도 하고 안 붙기도 하는데 요새는 안 붙는 추세라고 말씀하셨잖아요. 왜 그런 건가요?

교직원 직원에 대해 대학 구성원인 교수와 학생이 어떻게 생각하느냐의 문제로 봐요. 직원들이 교육적 기능을 하는데도, 학생들은 자신들에게 봉사하는 사람이라고만 생각하거나, 교수들은 자기들이 교육하고 연구하는 데 지원하는 존재로만 생각하니까 그냥 직원인 거죠.

그렇지만 대학의 역할을 더 잘 수행하기 위해, 심지어 교수나 학생과 의견을 달리하더라도 행정의 독립을 인정할 때 비로소 '교' 자가 붙을 수 있지 않을까 싶어요. 오해할 수도 있는데, '교' 자를 붙이고 말고에 결코 교직원의 이해가 걸려 있진 않아요. 대학에서 행정이 어떤 역할을 할 것인가, 직원이 어떤 역할을 할 것인가에 따라 '교' 자가 붙고 안 붙는다는 거죠. 그런데 지금은 안 붙은 게 맞는 것 같아요. 교육기관에 근무하는 직원은 일반 기업과는 다른 교육적 사명감을 가지도록 장려해야 하는데, 그렇지 않거든요.

김창인 두산그룹이 중앙대에 들어온 뒤 여러 분야에서 굉장히 많은 변화를 경험했잖아요. 행정 부분도 많이 변했을 거라고 추측돼요. 두산그룹이 들어오기 전과 후, 가장 큰 변화는 무엇인가요? 긍정적인 면이나 부정적인 면까지 다 포함해서요.

교직원 긍정과 부정을 논하기 전에 일단, 대학의 권력 구조가 교수 중심인 상황에서 새로운 권력이 들어온 점이 중요하다고 봐요. 그것도 아주 강력한 권력이요. 이 강력한 권력이 지향하는 대학의 방향으로 개혁이 시작되면서 그 속에서 긍정적인 부분과 부정적인 부분이 나타난 거죠. 그렇기 때문에 권력 변화가 먼저 지적되어야 해요.

긍정적인 부분은 오랫동안 권력 구조가 교수 중심이었던 대학에 변화가 시도됐다는 거예요. 대학은 과거부터 학문적 뿌리를 지켜왔지만, 사회 변화에 대해서는 잘 따라가지 못했거든요. 대학의 권력인 교수들 입장에서는 자신이 변화의 대상이 되었을 때 스스로 변화하기 어렵기 때문에 강요할 수 없었던 거죠. 그런데 사회가 요구하는 변화를 대학이 모두 거부할 순 없거든요. 현재 변화를 이야기할 때 변화의 목적도 중요하고 변화의 옳고 그름을 판단하는 것도 중요하지만, 그 전에 재원의 효율적 관리, 조직 운영의 효율성 면은 굉장히 좋아졌다고 봐요. 효율성과 신속성을 제고한 덕분에 어느 분야에 좋은 영향을 미쳤고 어느 분야에 좋지 않은 영향을 미쳤는지는 차치하더라도요.

하지만 아무리 좋게 변화한다고 해도 학내 구성원들의 동의를 얻지 못한 상황에서 무리하게 변화를 추진하려다 보니 독단적으로 하게 됐어요. 이번 '학사구조 선진화 계획안'처럼 의견을 수렴하거나 확정된 결과가 나오기도 전에 기자회견을 통해 학교 정책을 발표하는 등의 독단적인 모습이 만연해진 거죠. 이게 부정적인 모습입니다.

물론 의견수렴 과정을 통해 제대로 변화할 수 있느냐는 다른 관점에서 보아야 하긴 합니다.

김창인　새로운 권력이 들어왔다고 하셨는데, 이 권력은 학생, 교수, 교직원 어느 권력에 힘을 실어주는 방식이 아니라, 아예 3주체에서 4주체로, 마치 하나가 새롭게 들어왔다는 건가요?

교직원　네, 맨 위로 새로운 권력이 들어온 거죠. 기업형 권력이기 때문에 상당히 강력한 것 같아요. 기업의 일 추진 방식이 그대로 도입했기 때문에 짧은 기간에 대학을 장악하는 방향을 설정하고 강력하게 일을 추진할 수 있었죠. 새로운 형태의 권력이에요.

김창인　그게 재단이라고 불리는 새로운 권력이라는 말씀이죠?

교직원　그렇죠. 기업의 틀과 내용을 그대로 가져온 것에 주목해야 한다고 봅니다.

김창인　이 새로운 권력 두산그룹이 들어와서 가장 잘한 일은 무엇인가요? 앞에서 말씀하신 효율적인 조직 운영 같은 건가요?

교직원　조직 내 성과를 보면, 재원 효율화를 통해 여유 자금이 생겼고

이 자금이 어떤 식으로든 대학 환경을 개선하는 데 쓰였다는 거죠. 이 과정에서 누가 어떤 혜택을 누리느냐[5]는 일단 제쳐두자고요. 대학 환경이 좋아지려면 밖에서 돈이 들어오거나 어떻게든 안에서 돈을 만들어야 하는데, 만들어졌다는 거예요. 이것이 가장 큰 효과예요. 그리고 과감하게 환경 개선에 투자되었다는 것도 그렇고요.

두 번째는 한국 사회의 특징일 수 있는데, 기업이 대학을 인수해서 대학의 부가가치가 높아졌다는 거예요. 그래서 대학의 수요자, 이를테면 학생들, 학부모들의 선호도가 높아졌어요. 실제로 우수한 학생들이 입학하는 단초가 되었죠. 이건 성과라고 봅니다.

그리고 독단적이든, 그 결정이 대학에 좋은 영향을 주든 안 좋은 영향을 주든 의사결정이 굉장히 빨라졌습니다. 다른 어떤 대학도 하지 못하는 결정을 신속하게 빨리빨리 할 수 있다는 장점도 있어요. 예를 들면 다른 대학에서는 비용 때문에 명예퇴직 제도를 활발하게 운영하지 못하고 있어요. 그에 비해 중앙대는 과감하고 신속하게 진행합니다. 많은 직원이 명예퇴직을 했습니다. 그 자리에 젊은 사람들이 다수 채용되었지요. 장사라는 표현을 쓰는 게 바람직하지 않지만, 고임금 자리에 저임금 직원을 두셋을 채용할 수 있으니까요. 최근에는 등록금이 동결되어 주요 대학들도 신규 채용을 거의 못하고 있는

---

5   중앙대는 두산재단이 인수한 후, 대대적인 학내 건물 및 환경 시설에 대한 공사를 시작했다. 물론 공사를 담당했던 회사는 모두 두산건설이었다. 단순하게 보면 중앙대학교의 재정이 두산건설로 이동한 것이다.

형편입니다.

김창인 기업이 대학을 장악한 과정이 어땠는지 궁금한데요, 두산그룹이 들어올 때부터 지금까지, 혹시 설명해주실 수 있을까요?

교직원 고故 김희수 재단은 강력한 권력을 가지지 못해 할 수 있는 일이 거의 없었죠. 재단의 역량이 부족했다는 겁니다. 그 전 재단은 강력한 권력을 가졌지만 방향이 잘못되었죠. 그래서 국내 5대 명문이던 중앙대가 오랜 세월 20위대로 추락했죠. 어쨌든 두산재단은 온갖 순위를 올려놓겠다는 목적으로 들어온 거죠.

그럼 이 새 재단이 어떻게 대학을 바꾸어나갔느냐. 딴 얘긴데, 두산이 M&A로 유명하다잖아요. 경공업에서 중공업으로 탈바꿈할 때 현금으로 회사를 사는 방식을 썼다고 해요. 회사를 산 다음 체제를 바꾸는데, 그때는 유명 회계 법인을 투입해 자산과 회계 관련 현황을 파악하고, 법무 법인을 투입해 사규와 제도 등 법적 측면을 파악한 다음 컨설팅 업체에 의뢰해 업체가 제시한 대로 조직을 바꾸어나가는 거죠. 컨설팅 업체는 의뢰한 기업의 의견을 최대한 반영하겠죠. 기업은 컨설팅 업체를 통해 객관성을 보장받고 업체를 배경 삼아 개혁을 밀어붙이는 겁니다. 중앙대도 동일했어요. 이런 과정을 통해 대학이 급변했죠.

김창인 그 컨설팅 업체가 액센츄어죠?

교직원 액센츄어 말고도 몇 개 더 있었어요. 그 와중에 각 부서 업무 현황을 파악하려는 두산그룹 기획실 젊은 친구들이 들어왔죠. 부서 별로 업무를 파악하고 변경하고 계속 협의했죠. 이들이 굉장히 체계 적이면서 노하우가 엄청나게 많았어요. 짧은 시간 내에 대학을 장악 하고 제도를 바꾸고 행정과 재원 관리에서 효율성을 찾은 거죠. 정말 빠른 시간이었어요.

김창인 처음 맡은 분야라 서투를 수 있는데 그들은 전혀 개의치 않고 아주 빠르게 주도적으로 판을 짤 능력을 갖고 있었다, 이거죠?

교직원 그렇죠. 2000년대 들어 대학들이 유명 컨설팅 업체에 경영 컨 설팅을 받는 경향이 있었습니다. 컨설팅 업체는 대학에 대한 경험이 충분히 쌓인 상태였지요. 과거 다른 대학에서 쌓은 노하우가 조사 과 정이나 컨설팅 과정에 잘 녹아들어간 거죠. 요즘 컨설팅 업체는 국제 적이니까 외국 대학에서 쌓은 노하우와 데이터도 많이 갖고 있었죠.

김창인 기업이 재단이 됨으로써 생기는 문제점, 아니면 두산그룹이 유 별나서 생기는 문제점이 있을 것 같아요.

교직원 조직론에 보면 조직이라는 것이 결국 리더십이 전부일 수 있다는 말이 있어요. 리더십은 곧 사람에 의해 나타나는 창발적인 현상으로 볼 수 있잖아요. 어떤 사람이냐에 따라 리더십이 달라지죠. 그런데 중앙대 재단 이사장은 굉장히 강력한 파워를 갖고 일하시는 분이에요. 아주 오랫동안 많은 부분에서 경험을 쌓고 그 경험을 통해 자신감이 넘치는 분이죠. 아랫사람도 인간임을 인정하고 이들이 자발적으로 리더의 리더십을 따라 움직일 수 있도록 만드는 리더십이었다면 상당히 괜찮았을 텐데, 그 부분이 안타깝고 아쉬워요.

지금까지 제가 들은 이야기나 직간접적으로 겪어본 바로는, 박용성 전 이사장은 대학을 바꾸고 싶은 열의가 대단했어요. 그런데 파워만 있지 리더십 발휘가 잘 안 되니까, 큰 그물을 가졌는데도 물고기들이 빠져나가는 거예요. 그물코가 크니까 작은 그물로 그 부분을 메워야 하는데, 작은 그물들에 자율성 같은 걸 안 줘요. 결국 다 못 챙기죠. 그게 한계예요.

그렇다고 이사장이 원하는 큰 틀만 유지하고 나머지는 임의로 해버리면 여러 부작용이 생겨요. 특히 인사에서 문제가 생기기 시작했어요. 그리고 자기 의견 외에 의견은 있을 수 없다는 독단같이 부정적인 모습이 나타났어요. 이견을 용납하지 않는 문화가 대학에 자리 잡으면서 다양성이 훼손되었죠. 참 어려운 문제예요. 대학뿐만 아니라 모든 사회가 겪고 있는 것 같아요. 중간자가 역할을 잘못하는데도 이걸 점검할 장치가 없으니 문제가 계속 쌓이는 거죠.

교수, 학생, 직원 입장에서는 재단이 '당신들을 통해 대학을 개혁하겠다는 게 아니라 당신들 자체가 개혁의 대상이다'라고 하니까 계속 압박받을 수밖에 없어요. '내가 맞아. 그러니 따라와. 당신들 안 따라오면 따라오게 누를 수밖에 없어.' 이런 거죠. 그러다 언론은 다 차단되고, 내부 구성원들 불만은 증폭되고. 장기적으로 보면 이사장이 바라는 대학의 아웃풋이 과연 얼마나 나올지 회의적이에요.

김창인 문득 떠올랐는데, 이런 일방적인 리더십에 통제당하는, 중앙대에서만 볼 수 있고 다른 대학에서는 찾기 어려운 일화나 에피소드 같은 게 있을까요?

교직원 심각한 피해라 할 수 있는데, 구조조정 과정에서 학생에 대한 관용이 없었다는 점이에요. 과거와 달리 징계가 빈번해졌어요. 징계를 남발하니 굉장히 위축되고 무언가 더 할 수 있는데도 안 하게 되는 거죠.

김창인 좀 더 설명해주실 수 있나요?

교직원 예를 들면 연봉제가 상대평가의 고과 평가를 토대로 하기 때문에 젊은 직원들도 C등급을 받는 경우가 왕왕 있다고 합니다. 사실 연봉제는 프로 운동선수들의 연봉제가 대표적이죠? 연봉제는 개인의 성과를 차등으로 평가해 임금을 달리 주겠다는 거잖아요. 그럼 개인의 성과를 정략적으로 평가를 해야죠? 근데 성과평가는 안 하고 자질과 태도 평가만 한단 말이에요.

김창인 굉장히 주관적일 수 있겠네요.

교직원 그렇죠. 이런 연봉제의 부정적인 결과는 '줄서기'거든요. 주관적이라는 것은 '내 맘대로'의 가능성이 높다는 거예요. 내 맘대로 할 수 있는 여지가 많다는 거죠. 그러다 보니 대학의 상층부에서 보면 자기들 뜻대로 평가결과가 안 나오는 경우도 있어요. 평가자가 어떤 사람에게 점수를 좋게 주고 싶어도 상층부 사람과 생각이 다를 수 있잖아요. 그럼 점수를 고치는 거예요. 대학 스스로 평가자들의 권한을 임의적으로 침해하는 것이죠. 평가 자체를 무력화하는 행위들을 하고 있어요. 정량적 성과를 평가하면 이의가 없죠. 문제는 대학 행정은 개인의 성과평가를 정량적으로 할 토대를 갖추고 있지 못하다는 점이 더 근본적인 문제이긴 하지만요.

김창인 사실 두산재단이 들어서고 나서 학생 사회, 교수 사회는 자존감에 굉장히 많이 훼손을 입고, 구체적인 이해관계에도 피해를 입었다고 느껴집니다. 대학 전체가 아니라 교직원 사회의 경우 이해관계에 피해를 입었다면 어떤 것들이 있는지요?

교직원 글쎄요, 교직원 입장에서는 연봉제를 제외한 나머지 부분을 다른 대학과 비교하면 급여가 올랐다는 게 큰 이점이랄까요. 2008년과 2010년쯤 급여가 많이 올랐어요. 다른 대학이 모두 동결일 때였거든요. 물론 그 후 문제가 좀 있었지만요. 과거에 비해 직원 관리자들의 역할이 커졌어요. 전에는 고과 평가, 인사 평가 등 평가 자체가 없었어요. 관리자들에 대한 표면적인 평가도 없어서, 팀원에 대한 통솔력 같은 게 약했죠. 지금은 관리자 권한이 상대적으로 많이 커졌어요. 업무를 효율화하다 보니 중간 관리자들에게 결정권을 줘야 했겠죠.

하지만 교수, 학생, 직원 모두에게 공통적인 문제가 있어요. 아까 말한 것처럼, 개혁의 대상이 되다 보니 정신적으로 굉장히 피폐해졌죠. 협력이 아니라 경쟁 하나로, 제도가 그 한 방향으로 가다 보니 굉장히 살벌해지고 동료애가 없어졌어요.

그리고 구조상 일이 너무 많아졌어요. 처리해야 할 게 많아졌다는 건데, 예를 들면 이사장이 갑자기 어떤 것을 요구하면 그게 갑자기 각 부서로 쫙 내려오고, 또 이사장이 곧 지시할 것 같은 분위기가 감지되면 미리 자료를 모아놓고 하는 식이죠. 맨 밑에 말단 직원은 자료 만들고 데이터 정리하느라 정신이 없는 거예요. 법인이 직접 일선 부서를 상대로 지시하고, 요청하고 그런 분위기였죠.

제도를 한번 볼까요? 세부적인 내용이 없더라도 계열제로 간다, 부총장제로 간다 할 때마다 직원들은 각각의 변수에 다 대응해야 하거든요. 제도, 공간, 예산 등 예측하지 못한 것들이 마구 튀어나오는데 그걸 직원들이 온몸으로 받아야 해요. 그래야 행정이 안정되니까요. 밤을 새워서라도 정리해놔야 다음 날 교수, 학생 들한테 안정적인 서비스를 할 수 있잖아요. 이런 일들이 엄청나게 많아요. 그런데 대학은 이런 부분을 별로 신경 쓰지 않는 것 같아요. 알아서 잘되겠지 생각하는가 봐요. 사실 이러면 직원들은 이중으로 피해를 봐요. 직원들 입장을 대변해줄 제도적인 장치가 없거든요. 대학은 아무 힘이 없고 법인이 좌지우지하는 상황이라 아래로부터의 의견들이 위로 올라가지 못하고요. 대학은 의사결정권은 없으니 법인의 눈치를 볼 수밖에 없는 구조에서 직원들은 힘들어진 것 같아요.

김창인 ― 저는 다르게 생각했어요. 만약 제가 기업가인데 대학을 인수했다면 제일 먼저 구조조정하고 효율성을 높일 수 있는 집단이 교수, 학생보다는 교직원이라고 생각했거든요. 적은 인원에게 저임금으로 많은 일을 시키는 것이요. 실제로는 그렇지 않았나요?

교직원 ― 아직 한 번도 강력하게 구조조정한 적이 없어요. 2008, 2009, 2010년에 선배들이 많이 나가셨는데, 제가 느끼기엔 나가라고 한 적은 없어요. 자발적으로 나갔죠. 엄청난 변화가 일었고, 그동안 일해온 문화, 관행 같은 것들이 엄청나게 변하니까 선배들이 생각을 한 거예요. 그래서 나가는 게 낫다고 판단한 분들이 나간 거죠. 어떻게 보면 굉장히 우수한 인적 자원을 많이 잃은 거예요. 선별의 과정없이 명예퇴직을 신청하면 대부분 받아들였거든요.

김창인　가치관의 차이였던 거네요?

교직원　업무 강도도 굉장히 세어졌어요. 의사결정 과정도 많이 변했고요. 갈 데가 없었으면 있었겠죠. 그런데 내 기억에 '나가'라고 한 적은 없었어요.

김창인　생각보다 업무량이 굉장히 많은가 봐요. 학생들이나 부모들이 보기에 대학 교직원은 굉장히 좋은 직업 가운데 하나잖아요. 교육에 복무하는 일이니 좋은 일이기도 하고, 급여나 업무 환경도 안정적이고, 업무량도 많지 않아서 퇴근 후에 자기 하고 싶은 일을 할 수 있는 직업이라고 생각하는 경우가 많아 보여요.

교직원　그게 IMF 전후로 나뉘죠. IMF 전에는 일이 좀 힘들고 선호도가 낮았는데, IMF 이후 중산층이 사라지고 직업에 대한 인식이 바뀌면서 그동안 눈에 안 띄던 직업이 눈에 들어오기 시작한 거죠. 그 전에는 교직원이라고 하면 좋게 안 봤어요.

　중앙대의 경우는 재단이 기업으로 바뀌면서 기업 특유의 문화, 업무 문화가 들어오면서 업무가 굉장이 늘었어요. 대학의 비영리성과 기업의 생산성이 같이 마구 엮이면서 더 심해졌고요. 엄청나게 변화가 많았잖아요. 그 말은 곧 업무가 많이 늘었다는 말이거든요. 그만큼 직원들은 힘들었고, 그중에서도 중앙대는 굉장히 힘들었죠. 기업이 재단인 성대, 중대가 특히 더 그럴 거예요.

김창인　다른 주제로 넘어가서, 기업으로서의 대학과 교육기관으로서의 대학은 다르지 않을까요?

교직원　대학의 본질에 대한 고민, 관점 이런 게 바뀐 것 같아요. 지금 정부도 그렇지만 리더가 어떤 생각을 가지느냐에 따라 달라지잖아요. 리더가 기업가이다 보니 대학 전반이 기업식으로 가고, 기업식으로 가다 보니 오래된 가치인 교육적 관점이 훼손될 수밖에 없죠. 그렇게 대학이 변하고 있어요. 효용성, 사회적 요구 같은 데 중심을 두고 가니까요. 대학은 시장보다 더 가치 있는 게 분명한데, 그런 것들은 배제돼요. 교육적 관점과 기업적 관점은 서로 양립할 수 없을 것 같아요. 교육적 관점에서는 비영리 조직으로서 역할을 하기 위해 비효율이 많이 늘더라도 해내려고 하거든요. 근데 기업에서는 비효율이 용납이 안 되잖아요. 그러니까 효율로 바뀌어가는 과정에서 대학의 가치가 많이 훼손되는 거죠. 큰 차이가 있어요.

김창인　학생들은 두산그룹이 들어와 가장 크게 갈등을 빚은 문제가 바로 구조조정, 즉 학과 통폐합 문제라고 생각해요. 이에 대해 교직원들은 어떻게 생각하시나요? 들어볼 기회가 없어서 궁금했어요.

교직원 직원은 조직 순응적이에요. 계층화되었고, 위계질서가 있어서 그럴 수밖에 없어요. 여기서 벗어나면 조직에 발붙이기가 어려운 문화잖아요. 그러니 순응적일 수밖에요. 그래서 조직에서 결정한 사항에 이의를 제기할 입장이 아니에요. 이것을 인정해야지 대화가 된다고 보거든요. 그래서 들어볼 기회가 없었던 게 맞아요. 그렇지만 교직원도 사람이어서 생각은 있어요.

교직원들을 만나 보면 대략 이런 생각들을 하고 있어요. 대학은 학문에 뿌리를 두고 학문의 역사와 같이 성장해왔는데, 그 뿌리가 흔들리면 안 된다. 그 뿌리의 결실인 응용 학문, 실용 학문에 많은 영향을 미치는 기초 학문을 보호하는 데 힘써야 한다. 여기에 다들 동의해요. 하지만 여기서 그 노력을 '왜 사립대가 하느냐, 국공립대에서 해야지' 하는 입장과 그렇지 않은 입장으로 양분되어 있기도 해요. 그런데 OECD 국가 대부분에서 국립대학이 70, 80퍼센트인 반면, 한국은 반대로 사립대학이 70, 80퍼센트잖아요. 이런 특수한 상황에서 사립대가 기초 학문을 버리면 한국 대학에서 기초 학문이 없어지는 거죠. 물론 기초 학문, 순수 학문이 다른 대학보다 경쟁력을 갖추어야 하죠. 사회 변화 추세에 맞춰 어느 정도 융통성은 필요하다고 봐요.

김창인 혹시 교직원들이 지금 당장 재단에 크게 요구할 사항이나 제시할 의견이 있다면 무엇인가요?

교직원 교직원들은 행정이 전부인 사람들이거든요. 직장인의 꿈이 자기 분야에서 가장 높은 직급에 올라가는 것이듯 교직원도 다를 바 없어요. 그런데 대학은 교수들이 보직을 다 꿰차고 있기 때문에 이게 불가능해요. 교직원들도 역량을 키우기 위해 노력해야겠지만, 결국 대학 행정이 독립되어야 교직원들 역량도 강화되고 제대로 발휘될 것이라고 생각해요.

김창인 대학 행정 독립이란, 대학이 이런 방향으로 나가야 한다는 의견을 교직원 사회도 낼 수 있어야 한다는 것으로 이해해도 되나요?

교직원 집단, 단체의 의미보다는 다들 각자 자기 소임을 할 때 스스로 결정하고 그 결정이 반영되는 구조여야 한다는 생각을 가지고 있어요. 이해관계가 다른 두 구성원이 있을 때 즉, 교수는 자신의 전문 영역인 교육과 연구를 하고, 행정은 다른 구성원이 맡아야 하지 않겠느냐, 뭐 이런 거죠. 잘되는 조직에서 볼 수 있는 현상이에요. 이런 문화가 있다면 뭔가 단체를 통해 의견을 제시하지 않아도 조직의 의사결정 과정에 직원들의 목소리가 조금은 더 반영될 수 있지 않을까 해요. 어려운 문제입니다. 대학 경쟁력이 높은 선진국의 대학 행정 사례를 살펴보면 답이 나올 듯합니다.

김창인 중앙대는 여러 문제가 산적해 있고 또 굉장히 복합적이어서 학생들의 힘만이 아니라 학내 구성원 모두가 머리를 모아 고민하고 공존을 모색하고 대안을 찾아야 한다고 봐요. 어떻게 가능할까요?

교직원 대학을 장악한 권력의 리더십이 정말 평화적이면서도 합리적이고 동시에 조직의 변화를 잘 이끌어나갈 수 있다면 우리가 이런 고민을 할 필요가 없겠죠. 권력 구조의 변화를 한 차례 겪었고, 또 한 차례의 변화를 앞두고 있지 않나 싶어요. 건강한 조직이라면 공정성이나 조직의 건강을 훼손하는 행위가 있을 때 이를 바로잡으려는 메커니즘이 작동해야 한다고 생각해요. 이 메커니즘이 리더십일 수도 있고 민주적인 힘일 수도 있겠죠. 양자 사이에 힘의 균형이 필요하다고 봐요. 지금은 리더십 메커니즘에서 구성원 메커니즘으로 넘어가고 있다는 생각도 들어요.

　결국 리더가 일, 비즈니스를 휴머니즘 관점에서 보기 시작하면, 사실 정교한 전략이나 일을 하는 방법론 같은 건 무의미할 수 있어요. 무슨 말이냐면 리더가 인간에 대한 믿음을 가져야 한다는 거예요. 믿고 맡겨야죠. 이제는 대학에서 각 대표자들이 모여 고민하고 결정하는 과정이 필요하지 않을까요. 그래야만 대학 구성원들의 피폐해진 마음을 달래주고 자발적으로 동기 부여를 해서 대학 발전의 원동력으로 자기 자리를 찾아가게 될 거예요.

김창인 앞으로 권력 구조가 변화할 수 있다는 말씀은 지금 구조조정
과정에서 학교 본부가 교수와 학생 들에게 밀리고 있는 상황을 보고
말씀하신 거죠?

교직원 그렇죠. 공정하지 않았잖아요. 잘못하면 장래에 악영향을 미칠
수 있는 것들도 있었어요. 근데 이에 대해 모두가 함께 목소리를 냈
잖아요. 목소리를 내는 게 중요한 거거든요. 근데 이 경험을 소중히
간직하려면, 요번에 결론을 잘 맺어야 할 것 같아요.

  예를 들면 2, 3년 전 구조조정 때는 일부 학과의 문제여서 대부분
의 구성원, 특히 교수들이 침묵했어요. 하지만 지금은 모든 학과의
문제여서 교수들도 들고 일어났거든요. 그런데 모두가 인정하는, 교
수비대위도 총학생회도 학교도 동문회도 인정하는 대학의 사명이라
는 게 있어요. 지금 대학에 뭔가 변화가 필요하고, 변화를 위해 노력
해야 한다는 거죠. 이 부분은 끝까지 고민하고 끝까지 가져가야 해
요. 우리의 요구가 관철되었다고 여기서 멈춘다면 결국 소중한 경험
이 위기의 발로밖에 안 되거든요.

  그리고 학생들한테 관용을 베풀지 못하고 학교 명예를 실추시켰다
는 명목으로 퇴학, 정학 조치를 취했는데, 이 명목을 지금 놓고 보자
고요. 현재 언론에 나타난 중앙대의 모습을 보세요, 중앙대 명예를
실추시키는지 안 그런지. 아마 실추시킨다고 생각할 사람이 많을걸
요. 그럼 그 책임은 누가 질 건데요. 2, 3년 전에는 그 책임을 학생들

에게 퇴학, 정학으로 물게 했는데, 지금은 누구에게 어떤 식으로 책임을 물어야 하는지, 이 고민도 필요하다고 봐요. 형평에 안 맞잖아요. 고민이 많이 필요한 시기예요. 대학이 앞으로 어디로 어떻게 나아갈지 중요한 기로예요.

인터뷰 후기

학생회 활동을 하는 동안 대학의 3주체 가운데 교직원과의 갈등과 마찰이 유독 많았다. 업무 수행자로서 학교 본부의 지시를 따르려다 보니 교직원들은 직접적으로 학생들의 자치 활동을 막거나 방해할 수밖에 없었을 것이다. 그런데 학생회 행사를 할 때마다 교직원은 학생들에게 조언과 도움을 주고 상호작용하는 관계인데, 중앙대에서 어용 학생회가 아니라면, 그런 관계를 상상하기 어려웠다.

인터뷰를 하고 나니 이해가 되는 부분도 있었고 모호한 부분도 있었다. 하지만 적어도 두산그룹이 중앙대에 들어온 뒤 대학 공동체가 파괴되고 있다는 것에는 확실하게 합의했다. 두산재단 시대 이후 중앙대는 급속히 변했다. 누군가는 이 변화 속에서 이익을 취했을 수도 있고, 누군가는 피해를 입었을 수도 있다. 하지만 중앙대 구성원들이 공동체에서 개인으로 파편화되었다는 사실은 누구도 부인할 수 없을 것이다.

공동체의 파괴는 자본주의 특성의 하나다. 세상의 모든 집단과 공동체를 개인으로 파편화한다. 그리고 자본이라는 이해관계로 응집된 새로운 집단들이 사회를 주도한다. 이러한 사회에서 다수의 개인들은 피폐해질 수밖에 없다. 그리고 이러한 사회 모습의 축약판이 현 중앙대의 모습인 것이다.

최근 중앙대는 박범훈 전 총장의 비리로 연일 언론에 화제가 되었다. 두산그룹이 중앙대 건물 공사에서 이익을 챙겨왔다는 사실도, 박범훈 전 총장이 MB 정부와 깊이 연루되어 있다는 사실도 이미 알 만한 사람들은 다 알고 있었다. 하지만 이를 감추려는 세력이 있었고, 그들의 계획이 계속 성공했을 뿐이다. 중요한 것은 아직 밝혀야 할 일이 훨씬 많다는 것이다. 중앙대가 두산의 한 계열사의 역할을 하며 사실상 어떤 비리에 얼마나 더 연루되 있는지 짐작할 수 없다. 수사가 어디까지 확대될지 모르겠지만, 박범훈 전 총장과 박용성 전 이사장, 그리고 MB 정부의 유착 관계를 확실히 밝혀야 한다. 대학이 돈놀이 수단으로 전락하는 것을 결코 용납해서는 안 된다.

3장
——
인문학이 사라지는 대학

'족벌 사학의 대학 구조조정' 청주대

2014년 8월 12일 만난 이순재는
그해 청주대 사회학과 학생회장이었다.

청주대학교는 구조조정뿐만 아니라 총장 비리 등 여러 문제가 복잡하게 얽혀 있었다. 학과 구조조정 또한 매년 진행되어왔다. 물론 학교 측은 학내의 불만과 비판을 무시하고 일방적으로 구조조정 문제를 처리한 것이다. 나는 SNS와 뉴스를 통해 청주대 소식을 전해 듣던 중 인터뷰를 결심했고, 2014년 구조조정 투쟁을 이끈 이순재 사회학과 학생회장에게 연락해 청주대에 내려갔다. 청주대 캠퍼스는 생각보다 넓었다. 넓은 캠퍼스 곳곳에 아직 구조조정 투쟁의 흔적이 남아 있었다. 선전물들이 건물 곳곳에 붙어 있었다. 도착해서 곧바로 이순재 씨를 만났다.

청주대의 학과 구조조정은 꽤 오래전부터 시작됐는데, 2008년부터 거의 매년 하나둘씩 학과를 없앴다. 다음은 청주대 학과 구조조정 목록이다.

연도	학과	구조조정 상황
2008년	철학과	폐과
2009년	물리학과-레이저광정보공학과	통합
2010년	독어독문학과, 러시아어문학과, 불어불문학과	폐과
2011년	지리교육학과	폐과
2013년	회화학과-비주얼아트과	통합
2014년	한문교육학과 사회학과	폐과
2015년	사회학과	폐과 철회

그야말로 무더기 학과 구조조정이라 할 수 있다. 이만하면 학내에 구조조정에 대한 불안감과 공포감이 퍼져 있을 만한데 2014년까지만 해도 대상 학과를 제외하고는 별다른 관심이 없었다고 한다. 게다가 안타까운 마음으로 구조조정 투쟁을 응원하더라도 적극적으로 참여할 방법이 없었다.

이들 학과가 폐과 대상이 된 공통적인 이유는 취업률이었다. 회화학과의 경우에도 취업률을 가장 큰 이유로 2013년 통폐합을 통보받았다. 회화학과 학생들은 '피카소가 취업을 했나' 등의 구호를 외치며 투쟁했다. 하지만 결국 비주얼아트학과로 통폐합될 수밖에 없었다.

2014년에는 사회학과와 한문교육학과의 폐과가 결정되었다. 사회학과는 격렬히 반발해 투쟁을 진행했다. 사회학과 학생들은 폐과 결정 소식을 학교 본부가 아니라 지역 언론과 교수들을 통해 먼저 들었다. 사회학과 교수들은 4월 15일 교무위원회에 다녀온 사회과학대학 학장을 통해 폐과 결정을 들었고, 그 소식을 학생회장인 이순재 씨에게 전했던 것이다. 그런데 놀라운 것은 교무회의 전날인 4월 14일에 폐과 심의위원회에서 폐과를 의결한 뒤 4월 15일 교무위원회를 열었고, 16일 대학평의원회의 심의를 거쳤다는 것이다. 불과 3일 만에 폐과를 결정하기 위한 모든 절차를 마친 것이다. 이순재 씨를 비롯한 사회학과 구성원들은 황당할 수밖에 없었다. 어떠한 조치를 취하기도 전에 모든 절차를 날치기로 끝낸 학교 본부는 적법한 절차를 준수했으므로 폐과 결정에 문제가 없다는 입장이었다. 학과 분위기는 순식간에 침울해졌다. 우는 학생들도 있었다. 한 치 앞도 내다보기 어려운 상황이었다.

청주대의 사회학과 폐과는 전혀 예상치 못한 일이었다. 사회학과 교수들조차 전혀 문제없다며 폐과를 상상하지 못했다. 사회학과는 취업률이 단과대 안에서 1위였고, 전국에 있는 사회학과 중에서는 5위를 기록하고 있었다. 정부에서도 학교 본부에서도 가장 중요하게 생각하는 지표 가운데 하나인 취업률 면에서 걱정할 필요가 없었던 것이다. 그리고 구조조정 소문이 돌 때마다 사회학과는 내부에서 폐과 대상이 되지 않도록 많은 노력을 기울였다. 학과 내에서 멘토-멘티 제도를 운영해 전과율을 낮추려 노력하고, 사회학과의 비전과 가능성에 대한 자료를 제시하기도 하는 등 다방면으로 노력했다.

하지만 이러한 사회학과의 노력에도 학교 본부는 폐과를 결정했다. 이유는 간단했다. 청주대에서는 다른 대학과 마찬가지로 매년 학과 평가를 해 그 등급을 A, B, C, D, E의 총 5등급으로 나누는데, 사회학과는 3년 연속 E등급을 받았기 때문이다. 등급을 매기는 지표로는 취업률, 재학생 충원율, 중도 탈락률, 신입생 입학 성적, 만족도, 사업 참여도 등이 있었다. 이러한 지표로 점수를 매기면 사회학과는 전체 62개 학과 중 61위였다.

문제는 지표의 배점이다. 이들 지표에서 가장 배점이 큰 것은 신입생 입학 성적과 사업 참여도인데 이 두 가지 지표는 사회학과에 가장 불리했다. 교육이라는 것이 본래 인풋보다 아웃풋이 중요한 것인데, 신입생 입학 성적으로 학과를 평가한다는 것은 어불성설이었다. 또한 사회학과와 같은 인문사회계열 학과들은 연구 사업을 외부에서 따오기가 어려운 것이 현실이다. 그런데 가장 불리한 두 가지 지표의 배점이 다른 지표들에 비해 압도적으로 높았다. 실제 같은 지표를 가지고 배점을 달리한 학교 본부의 자료에 의하면 사회학과는 전체학과 가운데 27위였다.

평가와 폐과 결정 순서 또한 문제가 있었다. 지표를 미리 알려주고 달성하지 못했을 때의 책임을 물어 폐과를 결정한 것이 아니라, 이미 지나가버린 1년을 새로운 평가 지표와 배점으로 평가하고 배점한 것이다. 이는 다분히 의도적이라 볼 수밖에 없었다. 사회학과 폐과를

결정한 이후에 이를 정당화하기 위한 지표와 배점을 만들었다는 의
심을 지우기 어려웠다.

　사회학과 학생들은 곧바로 천막 농성에 돌입했다. 폐과 결정 이후
투쟁을 해야겠는데 경험이 있는 사람도 없고 어떻게 해야 할지 계획
도 제대로 구상하지 못했지만, 일단 다른 학교 사례를 보고 천막부터
쳤다. 학생들은 일주일 동안 천막에서 생활했다. 학생들은 과격한 방
식이 아닌 평화적인 방식으로 의견을 표출하는 것을 지향했다. 학교
본부나 학교 관계자와 그 어떤 충돌도 일으키지 않았다. 그렇게 일주
일이 지나고 학교 본부 측이 저녁 시간에 찾아와 굳이 천막을 지킬 필
요가 있겠느냐며 천막을 철거하지 않겠다는 약속을 하고 학생들을 집
으로 돌려보냈다. 하지만 다음 날 학생들이 등교해보니 천막은 철거
돼 있었다. 이후 학교 본부는 이순재 씨에 대한 징계를 검토했고, 곧
징계위원회를 열었다. 또한 10인 이상이 모이면 불법 집회라는 학칙
을 들이밀며 허가되지 않은 집회를 열면 징계 조치 하겠다는 협박을
했다. 학생들은 '9인 집회'를 했다. 캠퍼스 곳곳에 대자보와 쪽자보를
붙였고, 학칙이 허락하는 범위 내에서 할 수 있는 것은 모두 했다.

　하지만 돌아온 것은 학교 본부의 차가운 대답이었다. '청주대가 살
기 위해 너희가 죽어야 한다. 대를 위해 소를 희생해야 한다', '다른 학
교들은 폐과를 막 시키는데 우리는 너희 하나만 없애는 거 아니냐. 그
러니까 고마워해야 한다. 우리가 얼마나 양심적이냐'라는 발언도 했
다. 학교 본부의 대응은 치졸하기까지 했다. 전과 카드를 제시하는 것

은 물론 이순재 씨의 개인적인 가정사까지 언급하며 타협을 종용하기도 했고, 학생들 가운데 프락치[1]를 심어놓는 일도 서슴지 않았다.

청주대 구조조정의 주된 논리는 학교 전체를 위해 누군가는 희생해야 한다는 것이었다. 정부에서는 계속 구조조정을 요구하고 이를 시행하지 않으면 지원금을 주지 않겠다는 방침이기 때문에 어쩔 수 없다는 것이었다. 하지만 이런 문제를 해결하는 방식이 꼭 구조조정을 통한 폐과만 있는 것이 아니었다. 학생들은 상생의 길을 찾자고 제안했다. 어느 하나를 버리는 것이 아니라, 함께 살아남을 방법을 찾고자 했다. 실제 청주대는 재단 적립금 3,000억 원에 달하는 재정이 준비된 대학 가운데 하나였다. 굳이 당장 정부 지원금이 없더라도 대학 자체가 곤란한 상황은 아니었다.

청주대의 김윤배 총장은 2004년까지 13년째 총장직을 유지하고 있었다. 그 전은 김 총장의 아버지가 총장이었다. 세습형 총장인 것이다. 그러다 보니 청주대를 마치 개인 재산처럼 여기며 운영하고 있었다. 김윤배 총장의 밀실 행정과 비리는 공공연한 사실이었고, 학내에서는 이를 언급하는 것이 금기시되었다. 하지만 사회학과 투쟁으로 이러한 문제들이 불거졌다.

이순재 씨는 사회학과 투쟁의 가장 큰 성과로 이러한 변화의 조짐

---

1 이 프락치가 학생들 틈새에 끼어서 활동하다가 회의 내용을 녹취해 학교 본부 측에 전달했다는 사실이 후에 밝혀졌다.

을 말했다. 비록 당장 폐과를 막아내지는 못했지만, 학생들의 권리가 무엇이고 자신들이 어떤 것을 지켜야 하는지 깨닫게 되는 계기가 되었다고 말했다. 이순재 씨는 자신들의 의견을 정당하게 표출하는 것이, 옳다고 생각하는 것을 주장하는 것이 이렇게 어려운 일인지 몰랐다고 했다. 하지만 힘들더라도 누군가는 해야 하는, 반드시 필요한 일임을 강조했다. 그리고 학생들에게 용기 내어 함께하자고 재촉했다. 그는 '대학이 무엇을 하는 곳인지, 왜 존재하는지' 모두가 한번쯤 고민해보자고 제안했다.

인터뷰 후기

인터뷰를 마치고 이순재 씨가 배웅을 나왔다. 인터뷰 때 미처 못다한 이야기들도 나누었다. 이번 투쟁으로 사회학과 학생들이 많이 지쳤다고 했다. 마음이 아팠다. 투쟁하는 동안, 그리고 그 후 얼마나 마음고생이 심했을지 이해할 수 있을 것 같기 때문이었다.

청주대는 인터뷰 이후 정부 재정 지원 제한 대학으로 선정되었다. 공식적으로 부실 대학이라고 선포된 셈이었다. 학내는 김윤배 총장에 대한 분노로 들끓었다. 2학기가 시작되자마자 수업 거부 사태가 벌어졌고, 학생총회에서는 7,000여 명의 학생들이 모여 김윤배 총장의 사퇴를 요구했다. 김윤배 총장의 부실 경영과 비리에 대한 투쟁은 강력했다. 학생들은 사퇴를 요구하며 본관을 점거했고, 김윤배 총장은 버티기에 들어갔지만 결국 사퇴하기에 이르렀다.

청주대 사태는 오랫동안 묵혀온 학내 불의에 대한 분노가 터져나온 것이다. 1학기 사회학과 투쟁이 여기에 크게 기여했다고 볼 수 있다. 폐과는 막지 못했을지라도 이번 투쟁으로 김윤배 총장이 사퇴했고, 이를 계기로 청주대는 대학 정상화의 길로 나아가고 있다. 사회학과의 투쟁은 조금 더 대학다운 대학으로 변하려는 청주대에서 충분히 가치 있는 일이었다.

'아무도 모르는 구조조정 기준' 한림대

2014년 8월 27일에 만난 김민지, 김채린, 서연화, 손용훈은
한림대 '구조조정 공동대책위원회'의 구성원이었다.

자퇴를 하고 고민이 많았던 시기가 있었다. 그리고 부끄럽게도 그 고민들은 개인적인 문제들이었다. 군대 문제부터 먹고사는 문제까지 주로 나에게 국한된 고민들을 했다. 언론에서 인터뷰 요청이 오면 대학이 잘못됐다는 등 거창한 이야기들을 떠벌렸지만, 사실은 내 일신의 안위가 가장 걱정되었다. 그러던 가운데 언론사가 아닌 일반 학생들에게 연락이 왔다. 이들은 자신들을 한림대 학생이라 소개했다. 그리고 자신들의 학과가 학과 구조조정으로 폐과가 될 위기에 놓였는데 만나서 이야기를 나누고 싶다고 했다. 거절할 이유가 없었다. 하지만 내가 과연 이들을 만나 어떤 이야기를 해줄 수 있을까 걱정되는 것도 사실이었다. 만나고 나니 내 걱정은 기우였다. 내가 이들에게 어떠한 이야기를 해준다기보다는 이들이 오히려 나에게 많은 이야기를 해주었다. 이들은 한림대에서 '통폐합을 걱정하는 모임'을 만들고

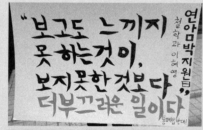

대학 문제에 관한 세미나를 하며 대학 구조조정에 맞서 자신들의 싸움을 벌이고 있었다. 대학 구조조정이라는 치열한 싸움터에서 벗어나 있는 나로서는 부끄러운 일이었다. 어느새 나는 싸움을 하는 사람이 아닌 싸움을 지켜보며 평가하는 사람이 돼 있었다. 한림대 학생들을 만난 뒤 나는 내 개인의 문제가 아닌, 다시 대학에 대해 고민하게 됐고, 책을 준비해봐야겠다는 결심을 하게 되었다. 한림대 학생들은 내가 이 책을 준비하기로 결심하는 데 가장 크게 영향을 준 사람들이다. 그래서 다시 한 번 이들의 이야기가 듣고 싶어 춘천으로 향했고, 이들은 나를 반갑게 맞아주었다.

4월 10일 한림대의 학과 구조조정 계획이 《강원도민일보》에 실렸다. 그전까지 한림대 학생들은 구조조정 계획에 대해 어디서도 들은 적이 없었다. 인문대 학생회는 이 소식을 대자보에 실어 학생들에게 전달했다. 학내가 웅성거렸지만 딱히 큰 행동을 할 만한 반향이 있는 것은 아니었다.

구조조정의 내용은 2016년을 기점으로 현재 45개 학과를 39개 학과 전공으로 줄인다는 것이었다. 국어국문학과, 사학과, 철학과 3개 학과가 인문학부로 통합되고, 수학과와 금융정보통계학과가 수리금융정보학과로 통합된다. 경영학전공, 의료경영전공, 컨벤션관광경영전공은 경영학부로 통합되었고, 언론정보학부 또한 구조조정의 대상이었다. 명분은 교육부에서 주장하는 것과 같은 학령인구 감소에 따른 '어쩔 수 없는' 조치였다. 학교 측은 공청회에서 취업률이 낮은 순

수 학문 계열 위주로 학과를 없애고, 정보전자공과대학 안에 융합소프트웨어학과를 신설하고 의공과 등을 만들 계획을 밝혔다.

문제는 구조조정 대상 학과를 선정한 기준을 밝히지 않았다는 것이다. 한림대 학생들은 끊임없이 기준을 밝혀야 한다는 요구를 했지만, 학교 본부는 기밀 사항이라 말해줄 수 없다는 입장만 반복할 뿐이었다. 학생들은 폐과 대상 학과들의 취업률이 낮다는 것을 파악하고 취업률이 중요한 기준의 하나일 것이라는 추측밖에 할 수 없었다. 한림대는 구조조정 자체를 외부 컨설팅 업체에 의뢰하여 진행하고 있었다. 하지만 외부 컨설팅 업체가 어디인지조차 공개하지 않았다. 교수들도 컨설팅 업체에서 공개한 30퍼센트 정도의 평가 지표만 알 뿐, 나머지 평가 지표는 알 방법이 없었다.

구조조정 계획은 앞으로의 학교 운영 계획과도 맞닿아 있다. 어느 학과를 없애고 어느 학과를 신설하여 학교를 운영할지의 문제이기 때문이다. 구조조정 추진 비용은 2007년부터 진행된 학교 부대시설(주차장, 편의점, 식당 등)을 민간에 넘기면서 쌓인 적립금에서 나온 것으로 추정된다. 2004년에는 몇 백만 원에 불과했던 적립금이 2007년부터 한 해에 100억씩 쌓이기 시작했다. 지금은 전국 사립대에서 적립금 성장률이 2위에 달하는 재정을 확보하고 있다.

학교 본부는 구조조정 평가 지표가 학생들의 알 권리에 해당하지 않는다고 말했다. 다만 CK1 사업을 위해 필요한 일이며, 특히 국문학과, 사학과, 철학과의 3개 학과를 학부로 통합하는 이유는 오히려 인문학을 지키기 위한 조치였다는 기만적인 대답을 했다. 3개 학과가 각각 하나의 나뭇가지라면 하나일 때는 쉽게 부러지지만 셋을 묶어 놓으면 쉽게 부러지지 않는다는 논리였다. 병원에서 약을 처방할 때, 일일이 설명하고 처방하지 않듯, 알려주지 않을 뿐 '다 너희에게 약이 되는 것'이라는 설명도 있었다. 학교 본부에게 폐과 대상 학과들은 환자였다. 학생들은 황당할 수밖에 없었다. 자신들의 학과가 없어지는데 이유조차 모르고 그저 믿어달라는 학교 본부의 요구는 어처구니없었다.

처음 구조조정 소식이 《강원도민일보》에 실린 뒤 인문대 학생회는 대자보 부착과 교무회의 저지를 시도했다. 그러면서 학생들은 공청회를 요구했고, 학교 본부는 공청회 개최를 약속했다. 하지만 학교 본부는 학생 전체가 아니라, 학생회 임원만을 대상으로 한 공청회를 열었다. 이에 학생들은 총회를 열었고, 그 자리에서 학교 본부에 2차 공청회를 요구했다. 학교 본부는 공청회 요구를 수락했지만, 2차 공청회가 열린 것은 한 달이나 지나서였다. 이때쯤 학과 통폐합에 문제의식을 느낀 학생들은 학생회가 아닌 '통폐합을 걱정하는 모임'을 만들었다. 그리고 1인 시위를 통해 자신들의 의견을 전달했다. 학생들은 1인 시위뿐만 아니라 구조조정에 대한 정보를 모으고 공부하기 시작했다.

현재 '통폐합을 걱정하는 모임'은 '구조조정 공동대책위원회'로 개편되었다. 아직도 한림대 학생들은 학과 구조조정을 막기 위해 고군

분투하고 있다. 학내에서 퍼포먼스를 하기도 하고, 명동에서 대학 구조조정에 대한 서명운동을 열기도 했다. 2016년이 다가오고, 15학번 새내기들이 입학했다. 그들은 이 새내기들이 마지막 후배가 되지 않기를 바라는 마음으로 싸우고 있는 것이다.

한림대 학생들은 정부 정책이 만들 대학과 교육의 미래를 걱정했다. 사람이 아닌 돈을 쫓는 교육을 받은 세대가 만들어갈 사회 또한 걱정하며 철학과 예술이 재생산되지 않는 세상에 대한 우려를 표했다. 그리고 이런 잘못된 흐름에 저항하지 않는다면, 우리 세대가 과연 다음 세대에게 어떠한 교육을 할 수 있을지 의문을 던졌다. 교육의 성과는 돈이 아니라 사람이다. 그리고 사람에 대한 성과는 당장 눈으로 확인하기 어렵다. 한림대 학생들은 그렇다고 교육이 이러한 가치를 포기한다면 교육이라 부르기 어렵다고 말했다. 이들이 학과 통폐합에 맞서 싸우는 이유는 단순히 '후배가 사라지기' 때문은 아니다. '자본'에 맞서 대학에서 '저항'하지 않고는 이들이 꿈꾸는 '미래'가 없기 때문일 것이다.

인터뷰 후기

한림대 학생들은 구조조정 문제에 관심을 갖고 이를 해결하기 위해 투쟁하면서 가장 크게 느낀 것은 주체성이라 말했다. 요즘 학생들이 스스로 생각하는 힘을 잃어버린 것 같다는 말을 많이 하는데, 스스로 적극적으로 고민하기 시작하면 사람들이 모이고 또 모이면 할 수 있는 것이 많다는 것이다. 구조조정 문제에 대해 누가 시키지 않아도 스스로 공부하고 행동하면서, 자신이 이렇게 목소리를 낼 수 있는 사람이라는 것을 깨닫고 또 목소리를 내도 된다는 것을 알게 되었다고 한다. 두려움도 있었지만 그 두려움을 넘어선 자신을 발견하게 된 것이다.

사실 한림대 사례는 다른 학교들보다 여유가 있는 편이다. 학내 반응도 뜨겁지만은 않다. 하지만 한림대 학생들을 만나면서 의지 있는 사람들이 모인 집단이 얼마큼 강하고 진정성 있는 메시지를 전달할 수 있는지 다시금 확인하게 되었다.

이들의 싸움은 이제부터 시작이다. 한림대 학생들의 승리를 응원한다.

대학을 보면 사회의 병폐가 다 보여요

인터뷰이_박노자(오슬로대 전임 교수)

김창인　저는 2010년 중앙대 구조조정에 맞서 싸우다 한강대교 아치 위에 올라 '대학은 기업이 아니다'라는 현수막을 걸고 고공 시위를 했습니다. 이 일로 무기정학을 받았고요. 기억하실지 모르지만 그때 교수님께서 징계받은 학생들을 응원한다는 편지를 써주셔서 큰 도움이 되었습니다. 그때는 감사하다는 말씀도 제대로 못 드렸는데, 감사의 말씀을 먼저 드리면서 인터뷰를 시작할게요.

한국 사회에는 여러 갈등이나 문제가 존재하는데, 저는 그중에서 대학을 둘러싼 문제가 심각하다고 생각해요.

박노자　일차적으로 너무 많은 사람이 대학에 갑니다. 고졸자 86퍼센트가 대학에 가니, 세계에서 제일 수치가 높습니다. 그러다 보니 대학이 한국 사회의 축약판이 되었고, 한국 사회의 문제가 가장 잘 드러나는 공간이 된 것입니다.

　단적으로 드러나는 게 극단적인 서열화예요. 대학의 서열이 확실하죠. 캠퍼스 서열도 확실하고요. 중앙대도 서울 캠퍼스와 안성 캠퍼스 사이에 서열 관계가 있나요? 고려대는 좀 심해요. 제가 2년 전에 고대에 잠깐 있었는데, 안암 캠퍼스 학생들이 조치원 캠퍼스의 학생들을 고려대가 아니라 조려대 학생이라 불러요. 연세대도 아주 심하고요. 이처럼 대학 서열이 있고, 대학 안에서도 서열이 있습니다. 또 공간적인 서열 말고 지위 서열 또한 아주 분명하죠. 요즘은 대학에서 학생들이 지위 서열 맨 아래에 있지 않습니다. 예를 들어 대학에서 투쟁을 가장 잘하는 사람들을 보면 학생들이 아니고 청소 노동자들이에요. 제가 보기엔 거의 허상 같긴 하지만 학생들은 비정규직이 되지 않을 거라는 실 같은 기대가 있습니다. 근데 청소 노동자들은 이미 비정규직이고 정규직 될 희망이 거의 없으니까 대학 안의 지위 서열에서 학생들보다 아래, 맨 밑에 있는 겁니다.

　또 재밌게 눈여겨볼 것이, 예를 들어 대학에서 비정규직 시간 강사와 학생의 관계가 요즘은 어떻게 보면 학생이 가해자가 되는 경우가 가끔 있다는 사실입니다. 비정규직 노동자에게 학생이 가해자가 된다는 거죠. 대학에서 학생은 어디까지나 고객이니까요. 대학이 기업이라고 치면 학생은 고객인데, 이 고객들이 고객이라는 역할을 스스로 내면화하면서 비정규직 노동자들을 가해하기 시작했어요. 마치 백화점에서 고객들이 비정규직 판매원 아주머니를 괴롭히듯이 말이에요. 아시다시피 백화점 가면 아저씨들이 그런 행동 많이 하잖아요. 판매하는 아주머니한테 화풀이하고, 반말하고. 반면 아주머니는 무조건 친절하죠. 학생들도 비슷한 심리인 것 같아요.

　하여튼 대학을 보면 병든 사회에 있는 모든 병이 다 보여서 연구 대상이 되기도 하고 재밌기도 하고 슬프기도 합니다. 요즘은 한국 대학에 가면 대학인가, 백화점인가 하는 생각이 많이 들어요. 가게도 많아서 정말 백화점 같아요. 학생들은 집단의식이나 소속감이 거의 없어 보이는데, 모여 뭐 하나 몰라요. 백화점을 간 건지 대학을 간 건지 모를 정도로 고객처럼 행동하는 것 같기도 하고. 사실 캠퍼스는 거의 백화점이에요.

　중앙대처럼 기업한테 잡아먹힌 경우도 있지만, 어떤 대학은 지금 사실상 잡아먹히진 않았으나 하나의 독립된 기업처럼 행동합니다. 서울대는 독립 법인이 되어 준기업체고요. 고려대나 연세대는 실상 큰 기업입니다. 투자도 하고 임대료도 챙기고 별의별 짓을 다 합니다. 두산이나 삼성 같은 기업이 대학을 사서 변절시키는 경우도 있지만 대학 스스로도 변절합니다. 변절의 속도를 보면 중앙대가 더 심한지 고려대가 더 심한지 모를 정도로 서로서로 닮아가요. 말 그대로 대학을 보면 사회의 병폐가 다 보입니다.

김창인　저는 외국에 가본 적이 없어서 다른 나라의 대학은 책이나 언론을 통해서만 봤거든요. 그런데 대충 봐도 한국의 대학은 유럽이나 다른 나라의 대학과 다르다고 느껴집니다. 다른 나라의 대학과 비교해 한국 대학의 특수성은 무엇이라고 생각하시나요?

박노자 밑에 사람에 대한 잔혹함이 특수하죠. 한국은 기본적으로 지나치게 군대식 문화가 팽배해 있어 일단 청소 노동자에 대한 노무관리 같은 건 정말 좀 특별합니다. 예를 들어 일부 학생들이 청소하시는 아주머니들을 모욕하고 짓밟고 하는 것은 다른 나라에서는 보기 힘들죠. 후기 자본주의 때 보이는 모습인데 한국은 좀 빨라요.

그리고 가볍다고 할까? 대학이 학문하는 곳이라는 느낌이 하나도 안 들어요. 예를 들어 학생이 적게 지원했다고 불문과를 없애고 철학과를 없애잖아요. 중앙대 철학과에 계셨죠? 아마 거기 독문과를 없앴을 거예요. 하여튼 이런 학교를 제대로 된 학교라고 할 순 없죠. 제대로 된 학교라면 학과의 주된 기능이 학문 연구여야 합니다. 잠깐 인기가 없다 해도 연구를 위해 계속 유지해야죠. 어떤 방식으로든 학생들이 지원하도록 관심을 유도하고 북돋고 배려해야 합니다. 왜냐하면 학과의 연구자들이 연구를 하고 기본적으로 이 연구가 학술 발전에 중요하다는 전제를 두기 때문이죠. 그러니까 이런 식으로 학생이 좀 덜 지원했다 싶어 학과를 없애는 건 세계 어디에서도 없는 일입니다. 이건 백화점 방식입니다. 매출이 떨어진 가게를 바로 문 닫게 하는 것, 이런 천박함은 정말 독보적이죠. 원래 한국의 사립대학 대부분은 토지를 많이 가진 사람들이 만들었죠. 토지 귀족. 그래서 대학을 설립한 목적 가운데 숨은 목적 하나가 토지 개혁 대상에서 벗어나는 것이었어요. 일종의 땅 사재기입니다. 예를 들어 홍익대, 국민대, 건국대 같은 대학은 말하자면 토지를 많이 가진 부자들이 땅 사재기 방법으로 만든 것입니다. 그러다 보니 처음부터 운영 방식이 기업 마인드로 이루어진 부분이 강했습니다.

그리고 다른 나라와 달리, 한국의 사립대학은 종합 감사를 거의 안 받아요. 정부에서 아무도 제대로 관리 안 해요. 대학은 자기 스스로 관리하고 그러다 보니 결국엔 아무 관리도 이루어지지 않고. 내막을 보면 아주 더러워요. 한국에는 이런 게 아주 많아요. 무엇보다 대학을 망가뜨리는 데 독보적이죠.

일부 대학의 교직원 관리 방식은 정말 유치함과 잔혹함의 극치입니다. 예를 들어 영어 논문 못 쓰고 논문 실적이 낮은 교수가 생기면 연구실을 반환하도록 하고 없애요. 이게 대학인가요. 기업에서 성과가 좋지 않은 사원의 책상을 빼앗듯이요. 정말 대학이 이럴 수가 있는가, 경악을 해요.

김창인 대학 기업화라는 말이 이제는 상당히 대중적이 되었습니다. 결국 기업이 대학을 운영하거나 대학 자체를 기업식으로 운영한다는 뜻인데, 중앙대 박용성 전 이사장은 대학은 교육기관일 뿐 아니라 산업이어야 하고 산업이 되어가고 있다고 말합니다. 대학이 과연 산업이 될 수 있을지, 꼭 그래야만 하는지 궁금합니다.

138

박노자 한국 자본주의가 유치하다는 것을 보여주는 거죠. 자본주의 체제 안에서 한국 자본주의는 아직 새끼 깡패 수준이에요. 어미 깡패들은 좀 다릅니다. 진짜 자본주의 핵심 국가의 대학은 기업체이기도 하지만 이렇게 천박하게 운영하지 못해요. 하버드에 한번 가보세요. 인기 없다고 라틴어학과를 폐과하겠습니까? 교수도 일단 정식 교수로 임용되면 압박해서 연구 실적을 받아내고 하는 건 없습니다. 유명한 잡지에 논문 하나 실었다고 2,000만 원씩 주지 않습니다.

왜냐하면 하버드를 운영하는 사람들은 개별 자본가의 이해타산이 아니라 총 자본의 이익을 고려할 줄 알기 때문입니다. 총 자본은 사회를 통합시키고 장기적인 관점에서 구조적으로 집단과 기업을 안정적으로 운영하고 유지하려는 시각을 기본적으로 갖고 있어요. 다르게 표현하자면 대학을 항만이나 도로, 전기, 송전탑 등 기본 인프라와 똑같은 시선으로 본다는 것입니다. 그래서 총 자본의 이해관계를 고려할 줄 아는 대학 운영자들은 절대 천박하게 대학을 구멍가게로 만들지 않죠. 근데 한국 자본은 어미 깡패들의 스킬이나 스케일이 없는 새끼 깡패 수준이에요. 씁쓸하죠.

김창인 지금 시대에서 대학이 해야 할 사회적 역할은 무엇이라고 생각하시나요?

박노자 어떤 입장에서 보느냐에 따라 다르죠. 만약 국가 지배자 입장에서 본다면 대학은 아까 말씀드린 것처럼 사회 기본 시설이므로 사회 통합이나 사회 역사적인 기억을 보존하는 역할을 원하겠죠. 근데 밑으로부터, 민중의 입장에서 보면 대학은 사람이 직접적으로 돈벌이에 휘말리지 않는 유일무이한 곳이므로 돈벌이에 미친 사회에서 그나마 미치지 않도록 견제할 수 있는 거의 유일한 기관으로 남길 바라겠죠.

　사실 영리 행위와 무관한 기관은 우리 사회에 거의 없습니다. 아무것도. 영리 행위의 폐단을 경계하고 영리 행위의 피해자를 대변할 수 있는 사람들이 그나마 휴식할 수 있는 유일한 안식처가 대학입니다. 이제 대학의 역할은 돈벌이에 미쳐가는 사회에서 그래도 모든 사람들이 미치지 않도록 하는 것이라 봅니다. 그런데 한국은 반대로 대학이 돈에 휘둘리니 제 역할을 못하고 있어요. 교수들이나 학생들이나 미쳐가는 신자유주의를 비판하는 사람은 소수입니다.

김창인　인문학이 위기라고 하지만 인문학 책이 베스트셀러가 되고 기업에서는 인문학을 배우지 않은 사람은 뽑지 않겠다고 합니다. 그런데 대학에서는 구조조정 때문에 인문학이 위기입니다. 왜 학문을 목표로 하는 대학에서는 오히려 인문학을 없애려 하는 건가요? 이 현상을 어떻게 보시나요?

박노자　장기적으로 인문·사회학이 위험해서 그런 거예요. 당장은 아니지만 자본의 입장에서 보면 잠재적으로 위험합니다. 왜 위험할까요? 일단 이공계나 의학 같은 학문은 다 영리 행위와 연결될 수 있습니다. 그리고 그 분야는 위계질서가 있어서 윗사람들이 영리 행위를 해도 다 묵인해줍니다. 위계질서 속에서 신분 상승 욕구가 있기 때문입니다. 자연과학 쪽은 직접 돈을 벌지 못해도 엄청난 돈이 필요한 분야여서 국가나 자본에 종속될 수밖에 없고요.

근데 인문학은 사실 자유롭습니다. 우리는 큰돈이 필요하지 않습니다. 제가 한국에서 연구비 신청을 안 한 지 꽤 오래됐어요. 책은 학교에서 사주고, 실험하는 것도 아니고, 돈이 필요없어요. 비교적 자본으로부터 자유로워요. 머리와 책만 있으면 인문학은 가능합니다.

그런 의미에서 인문학의 전통은 또한 반란적이죠. 인문학의 역사는 자본주의보다 훨씬 오래되었습니다. 한국의 인문학은 자본주의가 도입되기 이전의 성리학과도 연결되어 있고, 유럽에서는 르네상스 시대가 있었습니다. 자본주의보다 훨씬 오래돼서 상대적으로 자본주의를 비판할 수 있고 자본주의의 자장을 벗어날 수 있어요. 자본가들은 이런 사람들이 불필요하다고 느끼기도 하고, 잠재적으로 위험하다고 느끼기도 합니다. 나치가 불태운 책을 보면 《자본론》도 있었지만 소설도 많았어요. 자본주의 입장에서는 국가나 자본과 무관한 사람들이 위험한 겁니다. 이런 사람들을 대하는 태도는 자본이나 파쇼나 다를 게 없어요.

김창인 구조조정 방식도 상당히 비민주적이었어요. 총장 직선제도 폐지하고 소통 없이 일방적으로 진행시켜요. 이게 일반적인 건가요? 대학에서 민주주의를 보장하고 학생이 대학 운영에 참여하는 것이 비정상적으로 여겨지는 실정입니다.

박노자 중세 대학에서 교수에게 학생이란 존재는 차후에 동료가 될 사람들이었어요. 당연히 학생이 운영에 참여했죠. 유럽에서는 학생이 학교 운영에 참여하는 게 당연하고 그게 정상입니다.

한국도 역사적으로는 비슷합니다. 성균관을 보면 유생들이 파업하고 동맹휴학도 하고 자기 의사를 표현하는 데 굉장히 적극적이었습니다. 명령 위주의 서열 구조가 아니었습니다. 그러면 지금과 같은 비민주적인 대학 구조가 어디서 파생되었느냐. 일제강점기의 경성제국대학에서 볼 수 있어요. 당시에는 조선인 학생들을 장차 항일운동가나 사회주의자가 될 잠재적 위험 분자로 보고 철저하게 관리했어요. 그렇다고 학생들이 절대 복종했던 것은 아니에요. 일제강점기에는 학생들의 동맹휴학이 아주 일반적이었어요.

지금 한국의 대학들이 학생들 의견을 배제하고 총장 직선제도 폐지하고 하는 건 어디까지나 재벌들을 따라하기 때문입니다. 재벌들은 민주주의의 '민' 자도 모르니까요. 그런데 아까 말씀드린 것처럼 이건 새끼 깡패들이나 하는 짓이에요. 어미 깡패들은 대체로 대학 안 모든 구성원들의 의견을 반영합니다. 왜냐하면 그렇게 하지 않으면 합리적으로 운영할 수 없기 때문이에요. 불만이 쌓이면 사고가 나고 운동이 일어나죠. 어쨌든 대학 운영진으로서도 굉장히 불쾌하니까 예방 차원에서라도 학생들을 참여시켜주죠. 근데 한국의 대학 운영자는 착취하는 공장 운영자 수준의 인식을 하고 있습니다. 최소한의 마인드도 없어요. 아주 무섭고 속상합니다. 내부에 계신 분들은 불쾌할 테고.

김창인 선생님 말씀대로 지금 같은 상황에서는 대학생들이 들고 일어나도 모자란데요. 요즘 대학생들은 사회에 관심이 없고 취직이나 스펙 쌓기에 매몰되어 있잖아요. 도대체 왜 이렇게 된 건지, 대학생들이 사회문제에 관심을 갖고 적극적으로 자기의사를 표현하려면 어떻게 해야 하는지 궁금합니다.

박노자 학생들이 고립되어 각자 생존 투쟁에 몰두해 있기 때문이죠. 신자유주의 사회의 특징이 참혹한 투쟁 조건을 만들고 각자도생하라는 것이죠. 한국 사회에서는 이제 정상적인 노동환경에서 일할 수 있다는 것 자체가 결단이 필요한 일거든요. 개인에게 매우 참혹한 투쟁 조건을 만들어주고, 그다음 성공주의 이데올로기를 주입시키죠. 당신 탓이다, 억울하면 열심히 해라, 무조건 열심히 무조건 시키는 대로. 학생들은 주입된 대로 하면 언젠가 선생님한테 예쁨받고 성적이 올라갈 것이라 믿습니다.

신자유주의 사회에서는 대다수가 피지배자가 되는데, 사회가 가만히 있으라고 해서 가만히 있으면 그냥 침몰당하는 겁니다. 실제로도 시키는 대로 해봤자 생존 확률이 올라가지 않습니다. 대학 당국이 원하는 대로 1, 2학년 때부터 자격증 열 개 따고, 스펙 열심히 쌓고, 취직 일선에 뛰어들어도 정규직이 될 가능성은 희박해요. 그걸 알면서도 다들 앞다투어 그 속에 매몰되어 있어요. 어차피 다수는 패배할 수밖에 없어요. 이 사실을 대다수가 인정할 때에야 집단행동이 나올 수 있지 않을까 싶습니다. 집단행동이라는 것은 즉각적으로, 즉흥적으로 일어나는 것이 아닙니다. 저는 자유주의자들 말 안 믿어요. 누군가가 조직해줘야 합니다. 분명히 누군가가 발기를 하고 판을 짤 수 있는 중심 역할을 해야 해요.

김창인 정부나 신자유주의자들은 '대학이 하버드처럼 되어야 한다', '세계 100대 대학 안에 들어야 한다', '대학 경쟁력이 국가 경쟁력이다'라고 말하거든요. 그러면서 여기에 반대하면 '발전하지 말자는 이야기냐?'는 논리를 대요. 이에 대해서는 어떻게 생각하시나요?

박노자 하버드 대학 교수들이 논문을 어떤 언어로 씁니까? 하버드 인문학 교수들이 논문을 영어로 쓰는 이유는 영어가 모국어이기 때문입니다. 우리도 많은 사람이 읽을 수 있는 한글로 논문을 쓰면 그게 하버드처럼 되는 게 아닐까요? 한국 정부나 대학 당국이 하는 말은 전혀 의미가 없습니다. 하버드는 돈이 엄청 많고 그만큼 도서관에 책도 많고 학생 장학금도 많고 운영 방식이 합리적이에요. 하버드에서 남의 나라 말로 논문 쓰라고 강요합니까? 그리고 하버드는 어느 학과에 당장 학생들이 안 온다고 해서 문 닫으라 하지 않고, 군대식의 천편일률적인 압박을 하지 않아요. 자유를 보장하고 사람들이 이 사회에 목탁 역할을 하게 하고. 그게 하버드처럼 하는 거겠죠.

대학에서 왜 경쟁력을 찾습니까? 대학은 공부하는 곳이에요. 대체 인문학자가 어떻게 경쟁해요? 인문학이라는 것은 대부분 그 사회에서 유효한 지식입니다. 다른 사회에서는 적용이 힘들 수도 있어요. 물론 적용하려면 할 수 있지만 쉽지 않아요. 일차적으로 인문학이 유효한 것은 그 사회예요. 한국의 인문학자가 하버드 인문학자랑 경쟁한다는 것은 어불성설이에요. 코끼리가 고래랑 경쟁한다, 말이 안 되는 이야기예요.

김창인 마지막으로 대학생들에게 하고 싶은 말씀이 있다면 해주세요.

박노자 가만히 있지 마세요. 한국 속담에 '어른 말을 들으면 밤에 자다가도 떡이 생긴다'는 게 있죠. 가족 안에서는 몰라도 사회에서 어른들은 살인자예요. 그리고 어른들 말 들으면 배신당합니다. 어른들은 학생들 안위에 관심 없고, 학생들이 미쳐가도 관심 없고, 나중에 약육강식의 피해자가 된다 해도 관심 없어요. 어른들 말 들어봐야 피해자만 될 뿐이죠.

제발 어른들이 하는 말 아무것도 믿지 마세요. 동료들과 함께 경험으로 배우고 원리 원칙을 스스로 깨우쳐야 합니다. 그 원리 원칙을 통해 이해한 삶의 방식을 추구하면 됩니다. 어른들 말 들으면 고통받아요. 좀 전의 경쟁력 이야기 들으면 지나가는 소가 웃어요. 이걸 진지하게 받아들이는 순간 바보가 될 수밖에 없습니다. 바보가 되어서는 안 됩니다.

인터뷰 후기

세상이 미쳐가고 있다. 그리고 이 미쳐가는 세상의 축약판이 바로 대학이다. 박노자 교수의 말처럼 대학은 한국 사회의 모든 병폐를 고스란히 담고 있다. 그리고 이러한 병폐를 없애지 않으면 걷잡을 수 없게 폭발할 것은 자명하다. 대학은 미래 세대를 만들어가는 곳이니 현실이 어둡더라도 밝은 미래를 준비해야 한다. 하지만 지금처럼 어두운 현실을 답습하는 대학으로 남는다면 우리에게 미래는 없을 것이다.

한국의 20대를 정의하는 개념이 몇 개 있다. '88만원 세대', '오포 세대', '득도 세대', …. 그런데 이 말들의 공통점은 지금의 20대를 수동적인 존재로 바라본다는 것이다. 현실과 괴리된, 혹은 현실에 억눌려 주체성을 발휘하지 못하는 존재로 바라본다. '촛불 세대'처럼 능동적인 존재로 보았던 세대론은 어느새 사라진 지 오래다.

살기 어려운 시대다. 먹고살기 어려운 시대가 아니라, 인간답게 사는 것이 어려운 시대다. 굶어죽지는 않지만, 인간으로서 최소한의 품위와 권리를 가지고 살기 어렵다. 자본주의와 신자유주의는 개인에게 끝없는 경쟁을 요구한다. 경쟁이 가장 효율적이라는 시스템 아래 자본주의 원동력인 자본을 축적한다. 그리고 자본이 지배하는 사회에서 개인은 주체가 아닌 객체로 한없이 작아진다. 봉건시대가 개인을 '통치해야 할 대상'으로 규정했다면, 자본주의는 개인을 '상품'으로 규정했다. 우리는 좀 더 비싼 상품이 되기 위해 경쟁해야 했고, 이러한 시스템은 극단으로 치달았다. 사람들이 의문을 품기 시작했고 정당하고 공정하다고 믿었던 이 사회에서 행복해질 수 없다는 사실을 결국 깨달았다. 자신의 미래에 희망도 비전도 없다고 생각하게 되었다. 그리고 삶의 방향을 잃었다.

대안은 다시 원점으로 돌아가 고민해보는 것이다. 여기서 원점은 인간을 말한다. 세상에서 인간이 창조해낸 모든 것들은 하나같이 인간을 이롭게 할 목적에서 창조되었다. 하지만 우리는 지금 목적을 잃었다. 아니 목적이 전도된 것이다. 우리가 만들어낸 시스템에 우리가 종속돼버렸다. 이 사회는 시스템이 인간을 향하는 것이 아니라, 인간이 시스템을 향하도록 강요한다. 학문 또한 다시 원점으로 돌아가야 한다. 학문은 인간을 향해야 한다. 학문이 가고자 하는 방향은 돈이 아니라 사람이어야 한다.

'구조조정이 만드는 예술 없는 대학' 대진대

2014년 8월 18일 만난 안효진은
그해 대진대 음악학부 폐지 반대 비상대책위원회 대표였다.

맨 처음 인터뷰하러 사람들을 만나야겠다는 결심을 하고, 전국 구조조정 공동대책위원회와 한국대학생연합에 도움을 요청했다. 그리고 대진대학교 사례를 들어보면 좋을 것 같다는 조언을 받았다. 당시 나는 대진대 투쟁에 대해서는 잘 들어본 적이 없었지만, 무턱대고 연락처를 받아 인터뷰를 요청했다. 대진대 음악학부 폐지 반대 비상대책위원회 대표였던 안효진 씨였다. 다행히도 흔쾌히 인터뷰를 수락했고, 며칠 뒤 대진대로 출발했다.

대진대 음악학부는 총 4개 전공, 즉 피아노, 관현악, 작곡 그리고 성악으로 구성되어 있으며, 총 인원이 290명 정도였다. 그런데 2014년 4월 7일, 음악학부 학생들은 수업이 끝나고 교수에게 학과 폐지 결정 소식을 듣게 되었다. 이미 학교 본부와 이사진은 협의를 마친 뒤였다.

폐과를 결정하는 기준은 2009년부터 2011년까지 취업률, 입학률, 충원율, 교수 연구 실적 등을 합친 결과였다. 문제는 이미 폐과를 결정한 다음에 이 지표를 정했다는 의혹이 있었다는 것이다. 취업률이 높은 2013년의 최근 지표는 의도적으로 빼버렸다. 취업률이 낮은, 이미 지나간 과거인 2009년부터 2011년까지의 3개년 수치를 가지고 폐과를 결정했다. 기준 따위는 중요하지 않았다. 폐과 결정을 먼저 한 뒤 기준을 정한 것이다.

예술계열인 음악학부에 취업률을 구조조정 기준으로 삼는 것 또한 문제였다. 음악학부 졸업생들은 대부분 일자리를 구해도 프리랜서이기 때문에 취업률 통계에 잡히지 않는다. 그렇기 때문에 취업률이 낮을 수밖에 없다. 예술과 취업이라니, 전혀 어울리지 않는 두 단어였다. 그렇기 때문에 정부에서도 예술계열을 평가할 때는 취업률을 제외하자는 말이 있었지만, 학교 본부는 자체적으로 취업률에 가장 큰 배점을 두고 평가를 했다.

음악학부 학생들에게 폐과 결정 소식은 청천벽력이었다. 음악학부는 이미 2011년에 단과대에서 학부로 규모가 축소되었다. 그때도 인원 감축 등이 이유였지만 학과에서는 반발이 그렇게 심하지는 않았다. 하지만 폐과는 달랐다. 규모가 작아지는 것과 학과 전공 자체가 사라지는 것은 아예 다른 문제였다.

음악학부는 곧바로 비상대책위원회를 꾸려 투쟁에 돌입했다. 수업이나 개인적인 생활은 제쳐두고 모두가 음악학부를 살리기 위한 투쟁에 집중했다. 그 넓은 학교 캠퍼스 곳곳을 돌아다니며 구조조정의 부당함을 알렸다. 음악학부 특유의 장기를 살려 북도 치고 트럼펫도 불며 학생들의 관심을 모았다.

　총장은 음악학부 폐과 결정을 통보한 뒤 곧바로 중국으로 출국했다. 학생들은 총장을 만나서 대화를 통해 협의하고 싶었지만 그럴 수 없는 상황이었다. 일단 총장을 하루빨리 만나는 것이 급선무였고, 총장을 빨리 귀국시키기 위해 본관을 점거했다. 그리고 본관을 폐쇄하고 교직원들의 출입을 통제했다. 학교의 행정은 즉시 마비되었다. 본관에 존재하는 모든 서류나 문건 또한 외부로 유출이 되지 못하도록 조치했다. 그러자 총장은 이틀 만에 귀국해 학생들과의 면담에 응했다.

　면담 자리에서 교육처장은 교육부 지침이기 때문에 어쩔 수 없다는 말만 반복했다. 서울 소재 대학들은 이미 감축을 시작했으니, 우리도 늦기 전에 해야 한다는 논리였다. 학생들은 폐과만은 막고 싶었다. 폐과만 하지 않는다면 필요한 만큼 인원 감축에는 동의한다고 제안했지만 학교는 요지부동이었다. 면담 자리에서 협상이 진전이 없자, 밖에서 기다리던 학생들과 학부모들이 몰려 들어왔다. 학부모들은 자신의 자녀들이 공부하러 왔는데 왜 이런 일을 해야 하는지 이해하지 못하겠다며 울었다. 그리고 총장에게 무릎을 꿇고 빌었다. 학부모와 학생 모두 총장에게 울면서 빌었다. 이들은 '살려달라'고 했다. 결국 총장은 학생들이 제시한 대로 학부를 학과 규모로 줄이고 인원을 감축하는 안을 고려해보겠다고 했다.

학생들은 인원을 감축하더라도 과만 살아남을 수 있다면 그것만으로도 다행이라 생각했다. 하지만 총장과 이사진은 서로 책임을 미루었다. 총장은 이사진이 타협안을 거절했다고 했지만, 학생들이 찾아간 이사진은 총장이 알아서 할 일이라는 입장을 밝혔다. 총장과 이사진은 학생들을 사이에 두고 서로 폭탄 돌리기를 했다. 학생들은 절망했다. 마지막으로 학생들은 2015년 신입생을 받는 것은 포기하고 2016년부터 학부가 아닌 학과로 인원을 받는 것을 최종 타협안으로 제시했다. 하지만 이마저도 거절당했다.

학교 본부는 학생들에게 신설학과를 만드는 안을 요구했다. 입시율도 좋고, 유지율도 좋은 돈이 될 만한 신설학과를 만들어 오라고 했다. 폐과를 반대하고 자신들의 학과를 지키고 싶은 학생들에게 신설학과 계획안을 만들어 오라니. 어처구니없는 일이었다.

3주라는 길다면 긴 기간 동안 본관 점거 농성을 하며 학생들은 지쳤다. 추운 복도에서 밤을 지새운 바람에 몸 상태는 이미 정상이 아니었다. 병원을 가는 학생들이 날마다 늘어났다.

학교 본부는 전과 카드를 내밀었지만, 전과를 희망하는 학생은 아무도 없었다. 어린 시절부터 음악을 하겠다는 꿈을 가지고 음악만을 해온 학생들이 이제 와서 전공을 바꾸는 것은 현실적으로 불가능했다. 하지만 전과하지 않고 남아 있어도 제대로 된 수업을 받기는 어려운 현실이었다. 당장 오케스트라 수업을 하려면 최소 20명에서 30명이 있어야 하는데, 신입생이 끊기면 정상적인 수업을 할 수 없기 때문이었다. 하지만 학교 본부는 졸업할 때까지 교과과정만 살려놓으면 책임을 다한 것이라는 입장이었다.

이미 폐과는 결정되었고, 학생들은 흩어졌다. 각자 자신의 자리에서 자신의 전공을 알리기 위해 평소보다 더 많은 연주회를 잡고, 대진대에 음악학부가 존재한다는 사실을 세상에 알리기 위해 노력하고 있다.

안효진 씨는 처음에 구조조정 투쟁이 논리 싸움이라고 생각했다. 어떻게 하면 학교 본부와 협상 자리에서 말로 이길 수 있을까를 고민했다. 하지만 논리 싸움에서 이겨도 결정권은 학교 본부에 있었다. 다른 대학들이 싸우다 지치고 또 지는 것을 보며, 안효진 씨는 결국 이 싸움은 논리 싸움이 아니라는 것을 알았다. 그리고 학교 본부뿐만 아니라 진짜 싸워야 할 대상은 교육부라는 것도 알았다. 그는 구조조정 투쟁에서 중요한 것은 논리 싸움이 아닌 절실함이라고 말했다. 손해 배상 청구나 징계를 걱정하면, 그래서 하나둘씩 밀리다 보면 모든 것을 내주고 질 것이다. 그렇기 때문에 학교 본부가 제시하는 당근은 믿지 말고 원칙대로 싸워나가야 한다고 말했다.

끝으로 그는 교육에 대한 기본적인 생각이 바뀌어야 한다는 이야기를 했다. 기초 학문을 무시하면 겉으로는 성장할 수 있을지 모르겠지만, 속은 텅 비게 된다는 것이다. 예체능 대학들은 레슨을 하면 대개 개인 레슨이고 1대1 수업인데 그러다 보니 강사와 교수들을 많이 고용하게 되고 예산이 많이 들 수밖에 없다. 그런데 학교 본부는 이러한 구조를 모두 돈으로 환산해 따진다. 비용이 많이 드니 없애는 것뿐이다. 등록금을 내고 공부하러 온 학생들이 비용이 많이 드는 수업을 듣는다는 이유로 꿈과 설자리를 잃고 있었다.

　교육을 돈으로 따지면 안 된다. 안효진 씨가 대학에 말하는 마지막 당부였다.

인터뷰 후기

한국 사회에서 예술로 입시를 준비하는 학생들은 보통 초등학교 때부터 학원을 다니고 레슨을 받으며 입시를 준비한다. 다른 친구들이 참고서와 인터넷 강의를 들으며 공부할 때, 이들은 악기나 붓을 잡고 청소년기를 보낸다. 그렇게 10년 가까이 전문 분야만 공부해온 학생들에게 대학에서 더 이상 예술을 배울 수 없다는 것은 충격적이었을 것이다. 이제 와서 피아노 의자에서 일어나 강의실에서 다른 학생들처럼 수업을 들으라는 학교 본부의 전과 카드는 절대 받아들일 수 없었다.

　이들에게 폐과는 단순히 후배들이 없어지는 것이 아니었다. 대학은 사회의 미래를 만들어가는 곳이다. 그런데 이런 대학에서 자신들의 전공을 없앤다는 것은 곧 이 사회가 자신들의 전공을 원하지 않는다는 것 아닌가. 이는 대학이 이들의 전공이 돈이 안 된다는 이유만으로 그런 평가를 했기 때문이 아닌가.

하지만 예술을 돈으로 평가할 수는 없다. 그들도 알고 세상 대부분이 알고 있다. 우리는 돈이 제일 중요한 세상에 살지만, 돈으로 살 수 없는 예술 덕분에 버티고 있는 것이기도 하다. 돈을 쫓기를 강요하는 사회에서 누군가의 노래로 위안을 얻는 것처럼 말이다. 그런데 그런 예술을 돈이 안 된다고 없애겠다니.

예술계열의 학과들을 없애는 현재의 구조조정 추세는 수많은 예술 학도의 꿈을 빼앗아가는 것은 물론, 이윤을 향한 자본주의 사회의 욕망이 범하지 말아야 할 곳까지 침범하고 있다는 사실을 알려준다. 안효진 씨는 평소 교육 문제에 관심 있는 학생이 아니었다. 대진대는 총학생회조차 없는 학생회 기반이 약한 대학이다. 그럼에도 이들이 장기간 구조조정 투쟁을 할 수 있었던 이유는 교육은 돈이 아니라는 사태의 본질을 누가 가르쳐주지 않았는데도 스스로 정확히 꿰뚫고 있었기 때문이다.

'필름이 끊기지 않는 한, 우리는 무직이 아니다' 건국대

2015년 4월 24일 만난 김승주는
건국대 영화학과 비상대책위원회 위원장이다.

2015년 상반기 SNS는 건국대학교 구조조정으로 들썩였다. 혜리, 김유정, 홍종현 등 많은 연예인이 자신의 SNS를 통해 건국대 영화학과 폐지 반대 해시태그 운동에 동참했고, 배우 고경표는 직접 1인 시위를 하기도 했다. 그리고 건국대 학생들의 행정관 점거 농성 동영상 또한 일파만파로 퍼지며, 건국대 구조조정은 대중적으로 큰 관심을 받았다. 나는 건국대 학생들의 이야기를 조금 더 듣고 싶었고, 그래서 대상 학과 가운데 가장 언론에 많이 보도된 영화학과에 연락했다. 그리고 영화학과 김승주 위원장과 인터뷰할 수 있었다.

공식적인 건국대 구조조정의 목적은 취업률 재고와 정부 재정 지원 사업에 대비하기 위함이다. 또한 학교 측은 반값 등록금 실시로 재정확보를 하기 위한 학사 개편이라고도 말한다. 이러한 이유로 학교 본부는 인원 감축과 학과 통폐합의 필요성을 주장하며, 예술디자인대학의 영화학과와 영상학과를 통합하고, 텍스타일디자인학과와 공예학과를 통합하고, 경영정보학과와 소비자정보학과를 폐과시키기로 결정했다.

건국대 구조조정은 발표 당시, 중앙대와 대비되어 언론에 보도되었다. 중앙대는 학부제로, 건국대는 학과제로의 개편이기 때문에 내용적으로 다르다는 것이었다. 하지만 본질은 비슷하다. 건국대 학교 본부는 학과제를 강화하기 위함이라고 주장하지만, 그 규모가 학부제만큼의 인원수를 가지는 대형 학과제이기 때문이다. 예를 들어 경영 경영정보학부 내에 경영학 전공과 경영정보학 전공이 있다면, 경영정보학 전공을 폐지해 경영학 전공 하나만 유지한다는 것은 학부제 형태와 차이가 크게 없다. 겉으로는 학과제를 표방하지만 본질은 대형 학과제로 유지하는 교묘한 구조조정 계획안이다. 구조조정의 본질 또한 크게 다르지 않다. 결국 BK 사업 등 교육부의 재정 지원 사업을 받기 위함이고, 결코 시장 중심 이윤 논리에서 벗어나는 구조조정이 아니다. 단순하게 보면 이윤이 남지 않는 학과들을 없애고, 이 인원을 이공계 위주의 재정 지원을 받기 편한 학문 단위로 배치시키는 방식이다.

그런데 영화학과를 비롯한 통폐합 대상 학과들이 어떤 기준으로 결정되었는지 알 수 없었다. 학생들이 아무리 알려달라 해도 학교 본부는 통폐합 대상 학과를 선정하는 기준과 지표를 공개하지 않았기 때문이다. 영화학과의 경우는 학과 자체 평가에서 연구 실적이 1위인

데다가 건국대 자체 평가에서도 상위 3개 학과 안에 들 만큼 최상위이다. 이렇게 긍정적인 평가를 받는 학과를 왜 없애는지 학생들은 의문을 제기했지만 학교 본부는 묵묵부답이었다. 구조조정 평가 지표에서 불리한 예술계열이라는 것과 학과 역사가 12년밖에 되지 않아 없애기 쉽다고 판단한 것이 아닐까 하는 추측만 할 뿐이다.

영화학과 학생들은 구조조정 소식을 SNS를 통해 접했다. 2015년 3월 19일 동아리 연합회에서 학교 본부의 학사 구조조정 개편안을 SNS에 공개했다. 그리고 그다음 날 학교 본부는 대학평의원회를 개최했다. 학생들은 부랴부랴 준비해 평의원회 당일에 집회를 했다. 하지만 집회에 참가한 학생들도 당시에는 문제의 심각성을 잘 몰랐다. 도대체 자신들의 학과가 없어지긴 없어지는 건지, 진행 상황은 어떻고 절차가 어디까지 진행된 건지 전혀 알 수 없었고 그래서 실감도 나지 않았다. 평의원회가 열리기 1시간 전 교무처장은 학생 대표자들에게 면담을 요청했다. 그렇게 열린 간담회에서 학교 본부는 이미 절차가 많이 진행된 상황이라 어쩔 수 없다는 입장을 통보했다. 그리고 며칠 뒤, 학교 본부의 학사 구조조정 개편안은 학칙 개정안 규정 심의위원회를 통과했다.

영화학과 학생들은 평의원회 이후 학생회 회의를 거쳐 학생총회를 열었는데 1기 졸업생부터 재학생까지 많은 사람이 모였다. 그리고 이자리를 통해 이번 구조조정이 얼마나 일방적이고 불합리한지 공감대를 형성했다. 특히 영화학과는 학과의 유대감이 강했다. 수업에서도 팀 작업이 많았고 학과 공동체를 학생들 스스로 만들어간다는 자부심이 있었다. 그렇기 때문에 이번 구조조정 사태에 대해 학생들은 크게 분노했다.

영화학과 학생들은 총회 바로 다음 날부터 행정관 앞에 천막을 치고 농성을 시작했다. 매일매일 집회를 열었고, 24시간 단식 릴레이를 시작했다. 아이스 버킷 챌린지를 본떠서 SNS 해시태그 운동도 하고, 탄원서와 서명운동도 벌였다. 이에 학교 본부가 즉각 반응했다. 부총장이 요청한 학생들과의 면담 자리에서 학교 본부의 입장은 냉정했다. 어쩔 수 없으니 학생들이 이해해달라는 말뿐이었다. 학교 본부의 태도가 강경해질수록 학생들은 더욱 분노했다. 영화학과뿐만 아니라 더 많은 학생이 뭉치기 시작했다. 예술디자인대학에서 비상대책위원회를 구성했고, 발대식을 진행했다. 이때는 통폐합 대상 4개 학과가 모두 모였다. 단식도 철야 농성도 함께했다. 3월 27일에는 신입생 호소 대회를 열어 신입생 몇 명이 장례 복장으로 호소문을 낭독한 뒤 교정 안의 일감호 호수 둘레를 행진했다. 학내 분위기는 들끓었다. 총학생회 차원의 비상대책위원회가 결성되고 행진은 계속되었다. 규정 심의위원회가 열리는 날, 학생들은 행정관을 점거하고 농성에 들어갔다. 학생들의 극렬한 반대에 학교 본부는 면담을 제안했지만, 이 면담 자리에서도 학교 본부는 일관되게 어쩔 수 없다는 입장뿐이었다. 학생들은 4월 2일 학생총회를 소집했다. 총회 정족수가 1,700명인데, 이를 훨씬 넘는 2,300여 명의 학생들이 모였다. 학생총회에서는 이번 학사 구조조정 개편안에 반대, 그리고 앞으로 이러한 일방적인 학사 개편에 대한 재발 방지 대책을 마련하라는 두 가지 안건이 통과됐다. 그런데도 학교 본부는 원안을 고수하겠다는 반응을 보였다.

　학생들은 근거도 명분도 없는 학사 구조조정 개편안을 이해할 수 없었다. 영화학과와 영상학과는 교과과정이 완전히 다르다. 이러한 두 학과를 합쳐 영화애니메이션학과로 만들겠다는 학교 본부의 계획은 두 학과를 모두 납득시키기 어려웠다. 학문과 학과의 정체성을 전혀 고려하지 못한 구조조정이었다. 학생들은 이를 막기 위해 모든 수단을 동원해 최선을 다해 싸웠다. 홍보실에서 이번 구조조정을 단지 '사과 여러 개를 한 바구니에 담을 뿐'이라는 입장을 언론에 밝혔을 때, 학생들은 3일 밤낮을 새우며 모형 사과 여러 개를 만들어 '사과 달기' 캠페인을 벌였다. 바구니 하나에 들어 있는 사과를 학생들이 하나씩 꺼내 나무에 다는 캠페인이었다. 이러한 캠페인 하나하나에 최선을 다하는 학생들의 모습은 지켜보는 사람들의 마음을 움직이기에 충분했다. 여론이 움직이고 모였다. 학내 구성원들은 지금 당장 자기 일이 아니더라도, 우리 모두의 문제이고 언젠가 자신의 문제가 될 것이라는 위기감을 가지게 되었다.

　현재 건국대 구조조정은 학교 본부에서 남은 절차라고는 총장과 이사장 승인뿐인데 어디까지 진행되었는지 확인조차 어려운 상황이다. 승인 여부를 확인할 수 없기 때문이다. 학생들은 교육부를 상대로 싸움을 준비하고 있다. 전국 예술계열 대학 네트워크를 꾸려 대응할 계획이다. 전주국제영화제에 참여해 보여줄 플래시몹도 준비하고 있다.

김승주 씨는 자신이 본디 눈물이 많은 사람이라 밝혔다. 처음 구조조정 소식을 접하고 싸움을 시작한 뒤 울지 않은 날이 없다고 했다. 화가 난다기보다는 모두가, 전부 사라진다는 것이 너무 슬퍼서 길을 걷다가도 울컥해 많이 힘들었다. 특히 함께 싸우는 후배들을 볼 때마다 슬픔을 참기 어려웠다. 행정관 앞에서 농성을 진행할 때, 맞은편 잔디밭에서 다른 학과 신입생들이 술을 마시며 노는 것이 보일 때가 있었다. 영화학과 신입생들도 한창 저렇게 놀 때인데, 피켓을 들고 나가 시위를 하고 서명을 받으러 다니는 모습을 볼 때면 가슴이 아팠다. 서명을 받으러 나간 새내기들이 울면서 돌아다닌다는 이야기를 들었을 때, 선배들의 마음이 얼마나 미어졌을지 생각만 해도 슬픈 현실이다. 신입생 호소 대회를 하던 날, 후배들은 선배들이 걱정할까봐 선배들이 없는 곳에서 미리 울고 왔다고 했다. 영화를 하고 싶어서 학과에 온 것뿐인데, 학생들은 서로 슬픔을 지켜보지 못한 채 괴로워했다.

김승주 씨는 이기지 못하더라도 한번 난리라도 쳐보자는 심정에서 싸움을 시작했다고 한다. 지금도 이길 수 있다는 확신은 없다고 말했다. 사학이라는 것은 결정권자가 분명하기 때문이다. 결국 결정권자들인 이사회나 총장단이 마음을 돌리지 않으면 이길 수 없는 것이다. 하지만 이를 전국 대학의 문제로 만들고, 예술과 학문에 대한 문제로 제기하면 사회적으로 담론을 형성할 수 있지 않을까 하는 희망을 말했다.

그는 비록 학령인구 감소 문제가 심각하더라도, 이러한 방식의 대학 구조조정은 매우 위험하다고 말했다. 학문과 학문, 학교와 학교, 학과와 학과를 경쟁시켜 살아남는 과만 지원해주겠다는 발상은 미래에 대한 계획이 없는 근시안적인 정책이라고 비판했다. 정량화되고 일률적인 평가 기준으로 모든 학문을 줄 세우기 할 수는 없는 것이다. 이러한 교육부의 정책은 영화나 예술의 다양성이라는 가치를 훼손한다.

끝으로 김승주 씨는 학과라는 것이 학생들이 대학에서 무엇을 배우고 또 어떤 수업을 듣고 어떤 교과과정을 이수하는 식의 단순한 배움의 과정만이 아니라, 곧 학생들의 정체성을 키워주는 곳이라고 말했다. 이러한 정체성에 대한 이해 없이 학과 통폐합을 무조건 단행한다면 대학의 미래는 없는 것이나 마찬가지다.

인터뷰 후기

건국대 구조조정 투쟁도 현재 진행형이다. 학생들은 포기하지 않았고, 앞으로도 그럴 계획이 없다. 각 대학을 돌며 인터뷰했지만, 대부분 1차적으로 구조조정 투쟁이 마무리된 상황이었다. 그래서 아직 치열하게 싸우고 있는 건국대 학생들의 이야기는 더욱 진정성 있게

다가왔다.

특히 인터뷰에 응한 김승주 씨는 한마디 한마디 꺼낼 때마다 그가 얼마나 자신의 학과를 사랑하는지 느껴졌다. 후배들을 떠올리며 이야기할 때 나 또한 너무 마음이 아팠다. 이런 상황이 어떤 상황인지 그리고 얼마나 힘들고 고된지 알기 때문이었다. 교육부의 구조조정은 이제 막 시작하는 단계인데, 시작 단계에 이토록 상처받고 고통받는 학생들이 많다는 것은 구조조정의 목적이 무엇이고 성과가 얼마큼이든 충분히 재고할 만하다는 사실을 알려준다.

중앙대 구조조정 사안이 박범훈 전 총장과 박용성 전 이사장의 비리 문제로 1년 유예되면서 여론적 관심은 건국대에 집중되었다. 건국대 학생들이 열심히 싸운 덕분이다. 건국대 구조조정 투쟁은 단순히 건국대만의 문제라고 보기 어렵다. 또한 단지 학과가 사라지는 문제가 아니라 더 크게 예술에 대한 사회적인 탄압으로 봐야 한다. 자본 중심의 사회에서 예술을 할 수 없게 막는 것이다. 여러 의미로 건국대 학생들의 싸움은 중요하다.

건국대 학생들이 열심히 싸울 때마다 SNS로 지켜보기만 했던 것이 부끄러웠다. 나 스스로 책임을 미루고 있다는 느낌도 있었다. 직접 가서 이야기를 들으니 더욱 그런 생각이 강해졌다. 양심에 찔려 앞으로 영화를 마음 편히 볼 수 없겠다는 생각마저 들었다. 적어도 편히 영화를 볼 수 있는 자격은 갖춰야겠기에, 할 수 있는 일을 찾아야겠다고 결심했다.

대학의 개혁은 결국 대학을 죽이는 개혁이었어요

인터뷰이_서보명(시카고 신학대학원 교수)

__김창인__ 《대학의 몰락》이라는 책을 펴내셨는데, 이 책을 내게 된 특별한 계기나 동기가 있으신가요?

__서보명__ 대학의 역사나 지성사의 관점에서 대학을 공부한 적은 없습니다. 10년 전쯤 신자유주의 교육 체제가 한국 대학에 뿌리 내리면서 초래한 혼란을 보며 고민하게 되었고, 저 나름 공부를 시작했어요. 공부하면서 배우고 느낀 것이지만 대학 제도의 역사와 역할에 비해 대학 발전의 역사나 학문적인 의미에 대해 사람들이 많이 모르는 것 같습니다. 대학의 역사에 관한 책은 많지만, 대학이 어떻게, 왜 시작되었는지 밝혀내기가 쉽지 않습니다. 왜냐하면 대학은 중세 지식 사회와 경제사회의 변화 속에서 서서히 자연스럽게 생겨난 교육제도이기 때문입니다. 그리고 흔히 생각하듯이 무언가를 담아내거나 이루

어내고자 하는 의미로서의 대학은 대학이 탄생한 때가 아니라 대학이 발전해나가는 과정에서 생겨났어요. 또 대학은 시대의 한계와 부정적인 요소를 그대로 담은 채 발전해온 역사의 산물이기도 하고요. 그러나 대학이 중세 세계관을 발전시키고 공고히 유지하는 제도로서의 역할과 학문 기관으로서의 역할을 동시에 했던 것은 분명합니다. 근대사회로 넘어와서도 사회와 문화에 이상을 담아내고자 노력했던 건 분명하고요. 대학을 이상적으로만 보자는 게 아니라, 대학을 이상적으로 보았던 부분을 최소한 참고는 해야겠다고 생각했습니다. 그렇기 때문에 대학의 역사를 공부할 필요가 있는데, 그런 노력은 많이 하지 않는다고 생각했어요. 이 시대 대학의 모순과 문제를 해결하는 방법은 여러 가지가 있겠지만, 그중에서 가장 중요한 부분은 대학 역사에 대한 성찰과 고찰입니다. 이런 노력 없이는 아무리 좋은 변화와 개혁이어도 반쪽짜리일 수밖에 없습니다. 바로 이런 생각의 결과물이 《대학의 몰락》이라는 책입니다.

김창인 《대학의 몰락》에서 지적하신 대학 문제들이 아직도 유효하다고 보시나요?

서보명 상황이 더 나빠졌다는 생각이 들어요. 대학의 기업화, 대학 교육의 직업화, 인문학 교육의 후퇴 등이 심화되어 제가 지적한 문제들이 오히려 현실감이 떨어지는 것 같습니다. 또 대학의 문제를 고민할 마음의 여유나 진지하게 대화 나눌 공간이 사라졌다는 느낌도 들고요. 물론 그게 다는 아니지만, 학문과 인간적 가치란 관점에서 대학의 미래를 고민한다면 제가 《대학의 몰락》에서 견지했던 문제의식은 아직도 유효하다고 봅니다.

김창인 《대학의 몰락》에서 '대학은 처음에 신학을 중심으로 종교를 섬기는 형태였고, 그다음 근대 대학은 국가를 섬기는 형태였고, 지금은 시장을 섬기는 형태다. 그런데 다른 무엇보다도 시장을 섬기는 지금의 형태가 최악으로 간다'고 하셨습니다. '섬기는 형태의 대학'은 무엇인가요?

서보명 교육이나 배움에는 그 바탕에 항상 섬김이라는 전제가 깔려 있다고 생각합니다. 중세 기독교가 신학적인 세계관을 구현할 목적으로 대학 제도를 만든 것은 분명합니다. 당연히 교황과 교회가 대학 인허가를 내주었고, 그 후 근대 국가가 등장하면서 국가가 관할하며 인허가를 내주게 됩니다. 그런데 요즘은 대학이 기업이나 기업 자본주의의 영향 아래 있으면서 자본주의 세계관을 구현할 교육제도로 거듭나길 요구받는 분위기입니다. 어떻게 보면 상징적으로나마 기업이 인허가를 주는 형태로 변하고 있지 않나 싶습니다. 실제 글로벌 자본주의가 요구하는 체제를 수용하지 않으면 대학 자체가 성립되지 않는 면도 분명히 존재합니다.

김창인   대학이 앞으로 어떻게 나아가야 할지를 고민하자면, 과거의 본래적 의미로 돌아가야 할까요, 아니면 현재도 아니고 과거도 아닌 새로운 형태가 필요할까요?

서보명   이 시대와 미래에 맞는 대학은 어떤 모습일까? 이 질문은 대학에 속해 있는 사람이나 대학에 관심 있는 사람이라면 누구나 다 깊이 관심 가져야 합니다. 과거의 대학에서 회복할 수 있는 부분이 분명히 있지만, 지금 시대가 그것들을 허용할 거라고는 생각하지 않습니다. 이 시대 대학의 현실이 그 어느 때보다 암울한 건 맞습니다. 그래서 대학 제도가 역사와 사명을 다한 게 아닌가 하는 생각도 해요. 만약 대학의 역사와 전통이란 게 의미가 없는 것이라면, 이 시대의 대학은 어떤 의미에서 대학이라 할 수 있을까 그런 고민도 할 수 있어요. 이 와중에도 현대의 대학은 개혁이란 이름으로 그 어느 때보다 더 큰 변화를 겪고 있는데, 문제는 그게 어떤 변화인가 하는 것이지요. 신자유주의 체제가 들어선 1990년대 이후 대학 개혁이란 이름으로 이루고자 했던 것은 거의 다 이루어졌죠. 결국 대학을 죽이는 개혁이었다는 사실은 거의 모두가 인정하는 것으로 보입니다. 그렇다면 그런 개혁과 변화에 반대하면서, 이상과 현실을 동시에 추구하고 소위 인간적인 가치를 먼저 생각하는 대학의 개혁이 가능할까 하는 문제가 대두됩니다. 저는 그런 개혁이 가능하고 또 그래야 한다고 보지만, 실제로 그런 개혁을 추구하는 대학을 본 적은 없습니다.

김창인 신자유주의 대학 개혁이 성공했다고 하셨는데, 구체적으로 어떻게 변한 건가요?

서보명 대학 순위 경쟁 체제의 도입, 글로벌 화두의 등장, 평가 제도의 도입을 통한 교육의 행정화, 온라인 교육 강화를 통한 교육의 기술화가 이루어졌죠. 그리고 이런 변화를 통해 교수의 역할이 교육의 주변으로 밀려나고 지성이나 이성보다는 기술과 직업이 우선시되는 것이 주된 내용입니다. 기업주의에 따라 운영하는 대학을 만들려는 것, 이미 모두에게 익숙하다고 생각합니다. 저는 이런 개혁을 반대하는, 이상적이고 자유로운 인간을 추구하는 대안적인 대학 개혁이 가능하다고 봅니다. 문제는 대학을 기업화하려는 개혁이 국가 정책 또 자본주의 시대의 정신이란 이름으로 다가오기 때문에 그에 대한 저항이 쉽지 않다는 겁니다. 또 여기에 편승해 대학에 대한 깊은 성찰 없이 따라가는 사람들이 많다는 생각도 듭니다.

김창인 그렇다면 이미 신자유주의가 거의 완벽히 구현된 대학에서 우리는 어떠한 변화를 추구해야 하는 건지요?

서보명 대학이 기술적인 직업교육과, 인문학을 바탕으로 한 철저한 교양 교육을 동시에 할 수 있고, 또 그렇게 해야 한다고 생각합니다. 최근 미국에서 주목받은 대학이 하나 있습니다. 버몬트 주의 샘플레인

Champlain 대학인데요. 전혀 몰랐던 대학인데, 4년제가 된 것도 비교적 최근인 걸로 알고 있어요. 이 대학이 주목받은 이유는 역사가 깊거나 랭킹이 앞서서가 아니라, 이 시대에 필요한 개혁을 실천했기 때문이죠. 저도 관심이 있어 직접 연락해 그 대학의 프로그램을 안내받은 적이 있습니다. 그런데 큰 비전을 갖고 새로운 프로그램을 도입한 것이 아니었습니다. 단지 지역에서 필요한 직업이 무엇인지 수시로 파악해 실무 교육을 시키고 4년 내내 인문학 공부를 병행하게 한다더군요. 그리고 두 분야를 연결해 기술과 인문의 연관성을 윤리적이고 철학적인 입장에서 고찰하는 졸업논문을 쓰게 한답니다. 교양의 본질을 놓치지 않고 기술을 익히게 하는, 전혀 어렵지 않은 개혁이지요. 미국에서는 이 사례에서 대학의 미래를 찾아야 하지 않느냐는 논의를 하고 있어요. 저는 진정한 의미에서 대학이 인간적인 교육과 시대가 요구하는 직업교육까지 담아내는 것이 가능하다고 믿습니다.

김창인 제가 경험한 바로, 이 시대가 대학에 요구하는 것은 취직이 잘돼야 한다는 것이고, 한국 대학은 이 논리 하나로 무장해 있습니다. 그래서 돈 되는 학문이 중요하고 그렇지 않은 인문학, 사회과학, 예술계열이 집중적으로 고사당하고 있습니다. 지원금을 미끼로 사용하기도 합니다. 이래야 글로벌 대학이 될 수 있다고 주장하고, 더 나아가 인문학을 다 없애자, 교양으로만 공부하고 전공을 없애버리자 하는데, 이에 대해서는 어떻게 보시는지요?

서보명 저는 대학 교육에서 오히려 교양 교육이 더 큰 비중을 차지해야 한다고 생각합니다. 대학을 대학답게 만드는 것이 교양 교육이기 때문이죠. 이상적인 인간을 생각하면서 그에 걸맞은 교양 교육을 생각하지 않는 대학은 대학일 수 없어요. 교양 교육이 전공 전의 준비 과정이어서는 안 돼요. 교양 교육은 전공이라는 직업교육과 함께 대학 4년 동안 꾸준히 유지되어야 합니다.

그리고 인문학과가 통폐합되고 학과가 없어지는 지금의 한국 대학의 현실을 보고 대학이 비참하게 쓰러져간다고 인식하는 것에서 벗어날 필요가 있습니다. 왜냐하면 전공 제도는 20세기 초 서구 산업 자본주의에 필요한 지식과 사회 모습을 만들기 위한 수단이었습니다. 그 이전의 대학에는 전공이라는 개념이 없었어요. 그리고 인문학이라고 표현하지만 크게 보면 철학입니다. 철학이 세분화되어 여러 개의 전공으로 남게 된 것이 20세기 역사에서 가장 두드러진 현상입니다. 그런데 그렇게 철학과 인문학을 온전히 살려냈는가, 저는 의문을 던질 필요가 있다고 봅니다. 인문학의 세분화는 오히려 반성하고 극복해야 할 부분이죠. 그래서 좀 더 통합적인 인문학을 염두에 두고 대학을 긍정적인 방향으로 개혁해야 합니다. 여기서 인문학을 전공으로 남겨두는 것도 다시 한 번 생각해봐야 합니다. 잘못하면 한국 대학의 고질적인 문제인 학과 지상주의나 전공 중심주의에 빠져 대학의 미래에 대한 상상력을 제한하는 결과를 가져올 수도 있어요.

김창인 그렇다면 인문계열 통폐합 문제를 부정적으로 바라볼 필요가 없다는 건가요?

서보명 실제로 학과 통폐합을 시도하는 대학들은 기업주의적인 논리에 편승해 대학과 인문학을 축소하거나 없애려는 의도를 갖고 있다는 것을 충분히 알 수 있습니다. 제 말은, 이런 의미가 아니라, 만약 우리가 기업 논리가 아니라 인간과 인문학의 가치에 걸맞은 대학 개혁을 추구하고자 한다면 전공 중심주의를 탈피하려는 노력을 포함해 제도적으로 학문을 재구성해보려는 노력이 분명히 필요하다는 것입니다.

김창인 하지만 전공이 없으면, 교수들은 어떻게 해서 만들어지죠?

서보명 그런 질문이 나올 수밖에 없는 건 20세기 대학의 모습 안에서만 대학의 미래를 생각하기 때문입니다. 그렇기 때문에 교수들은 올바른 개혁에서 주된 역할을 하는 데 한계를 가집니다. 왜냐면 우리가 아는 교수들은 모두 20세기 대학 제도에서 만들어진 사람들이니까요. 대다수는 전공과 학과 중심의 대학이라는 환상에서 벗어나기 힘들 거예요. 이 시대의 모순을 극복하려는 의지 그리고 동시에 대학의 역사 속에서 찾은 비전과 가치를 가지고 대학의 미래를 그리는 교수는 많지 않다고 봅니다.

김창인 　애초에 지금의 대학 형태에서 벗어나 사고해야 한다는 거죠?

서보명 　그렇죠. 20세기 대학은 산업혁명 이후 산업화되는 사회에 적합한 인재를 길러내기 위한 제도입니다. 미래 사회의 변화를 심도 깊게 고민한다면 새로운 대학은 20세기 대학과는 달라야죠. 그러려면 20세기 대학에 대한 반성도 필요하고요.

김창인 　한국 대학과 미국 대학의 차이점과 공통점은 무엇인가요?

서보명 　한국 대학과 미국 대학의 가장 큰 차이점은 대학이라는 제도가 자생적이냐 이식된 것이냐입니다. 대학 제도는 서구에서 만들어졌고, 대학이 전승되고 발전돼온 역사는 서구의 지적인 전통과 문화의 일부죠. 반면에 대학 제도는 아시아권이나 한국 역사에서는 이질적으로 외래에서 유입되었다는 사실을 인정해야 합니다. 모든 비서구권에서 대학이 등장한 데는 식민주의나 제국주의와 연관돼 있어요. 식민 지배를 더 효율적으로 하는 것이 주된 목적이었지요. 아시아에서 제일 오래된 필리핀의 대학도 몇 백 년의 역사를 자랑하지만 스페인 식민주의를 고착화하기 위한 식민지 인재를 키워내는 제도였습니다. 비서구권 대학의 역사를 식민주의 역사라는 관점에서 분석해보면 현대 대학 문제를 새롭게 볼 수 있죠.

　한국 대학도 이런 역사 속에서 발전해왔기 때문에, 한 번도 한국

문화를 꽃피운다거나 완성해내고 이루어내려는 노력을 해본 적이 없습니다. 서구의 대학 역사에서 볼 수 있는 유형을 적용시켜보면, 한국의 대학은 민족의 대학, 문화의 대학이 된 적이 없습니다. 이런 상태에서 지금은 기업주의와 자본주의의 가치를 구현하는 제도로 거듭나기를 요구하는 상황입니다. 어떻게 보면 안타까운 역사가 계속되는 게 아닌가 싶어요.

김창인　한국은 유난히 사립대학이 많고, 대학을 사유재산처럼 여기고 유지해가는 대학이 많아요. 그래서 통제가 안 되니 부정부패가 생깁니다. 등록금도 많이 내야 합니다. 그렇기 때문에 국공립대를 중심으로 대학을 공공재적인 관점으로 바라봐야 한다는 이야기도 있어요.

서보명　기업이 대학을 인수하고 운영에 참여해 사유화하는 건 이해하기 힘듭니다. 이 과정에서 빈번한 이권 개입, 비리는 필연적이라고도 하겠지요. 돈을 많이 번 기업이 대학을 통해 이윤을 사회에 환원한다면 자연스럽다고 생각해요. 또 자기 나름대로 이념이나 비전이 있어서 이를 추구할 대학을 만들거나 지원하는 것도 이해가 갑니다. 그러나 기업의 역할은 여기에서 끝나야 합니다. 대학을 사유재산으로 여기고 운영에 참여하는 것은 있을 수 없습니다. 대학에 대한 이해가 전혀 없다는 얘기지요. 서구 대학의 역사에서 기업이 기금을 마련해 대학을 지은 경우는 무수히 많아요. 미국의 유명한 사립대학 가운데 특히 19세기 후반에 세워진 대학은 거의 다 기업인의 기부로 설립되었습니다. 그 당시에도 대학이 산업사회와 어떤 관계를 맺어야 하는지, 대학이 쓸모없는 교육을 하는 건 아닌지 비판과 논란이 많았어요. 하지만 중세 이후 대학은 언제나 예외적인, 시대의 논리를 약간 비켜갈 수 있는 공간으로 발전해왔습니다. 대학의 이런 특수성 혹은 자율성을 이해해야 합니다. 19세기 미국에서도 대학을 사유재산으로 여기거나 이권에 개입하거나 이사회를 통해 지배하려던 예는 찾기 힘듭니다. 결국 한국은 대학 정신이나 의미에 대한 기본적인 성찰도 없다는 얘기지요. 하지만 그런 정신이나 의미가 애초부터 없었다고 주장하면 얘기가 달라집니다. 대학이 전공을 통한 직업교육밖에 할 게 없고, 이 시대의 중심인 기업과 기업주의의 하부조직이어야 한다는 생각을 하는 사람들이 분명히 있어요. 그래서 더더욱 대학의 역사를 문화사 또 지성사의 관점에서 살펴보는 게 필요하다고 생각합니다.

김창인 한국이 이상한 나라인 거죠?

서보명 이상한 면이 많다고밖에 할 수 없겠죠. 뉴스를 보면 상상하기도 힘든 일들이 대학에서 일어나는 게. 아까 질문하신 건데, 저는 국공립대학의 역할이 중요하다고 봅니다. 먼저 국공립대학과 사립대학의 차이가 분명해야 합니다. 이념과 비전이 교육과정을 통해 분명히 다르게 드러나야 각자 제 역할을 할 수 있겠죠. 국립대학 학부 교과과정과 행정을 통합 평준화하고 각 지방의 명문대학으로 만들면 어떨까 합니다. 그렇게 순위 경쟁으로부터 보호하고, 등록금을 파격적으로 낮추고, 그 지역의 특화된 분야 중심으로 발전시키는 상상을 해봅니다. 그리고 국가 차원의 기술 인력을 배출하는 목표를 실현할 수 있겠죠. 반대로 사립대학은 이념이 있어야 합니다. 대학이 있어야 할 이유를 설립 이념에서 찾아야 하기 때문입니다. 존재할 이유가 없으면 대학이 없어도 되겠죠. 취업률 낮아 퇴출되는 게 아니라, 더 이상 존재할 이유가 없다고 스스로 판단해 문 닫을 용기 있는 대학을 기대하기란 힘들겠죠. 추구할 이념도 없고 있어도 실천할 의지가 없다면 대학은 이윤 추구나 먹고사는 수단으로밖에는 존재하지 않는 거예요. 그래서 저는 가톨릭 재단에서 설립한 대학들이 더 많은 책임의식을 가져야 한다고 말합니다. 대학의 시작은 가톨릭교회의 비전이었어요. 대학의 역사라는 무게를 더 많이 느끼고, 현대 대학의 문제에 대한 비판의식이 더 확고해야 합니다. 물론 저와 같은 생각을 하는 사람을 만난 적은 없지만, 이런 생각이 없다면 가톨릭 대학이라 말할 수 없다는 게 제 입장입니다. 개신교 대학들도 마찬가지고요. 한국에도 개신교 대학들이 많지요. 설립 이념은 분명합니다. 최근 개신교 대학 가운데 설립 이념을 포기하려는 대학들이 있는데 오히려 그게 솔직합니다. 하지만 설립 이념을 포기하고 내세운 이념이 '세계적인 대학'이라면 그보다 더 황당할 순 없습니다. 순위 경쟁을 이념으로 삼겠다는 것이니까요. 중앙대는 건학 이념이 뭔가요?

김창인 교훈은 '의에 죽고 참에 살자'입니다.

서보명 최근 몇 달 두산재단 이야기를 많이 들었어요. 생각보다 상황이 더 어처구니없고 황당하더라고요. 사실이라고 믿을 수 없는 것들이 21세기 한국의 대학에서 버젓이 일어나고 있었네요.

김창인 중앙대가 한국 대학 구조조정의 선봉이었고, 실제로 많은 대학이 중앙대를 롤 모델로 삼고 있어요. 구조조정의 내용도 문제지만, 과정에서 교수와 학생들의 의견을 듣지 않습니다. 학생은 대학에서 수업이나 듣는 사람으로 변하고 있고, 실제로 박용성 전 이사장은 '대학의 주인은 나'라고 말했습니다. 자기가 샀다는 거죠. 그래서 학생들은 운영에 참여할 필요가 없다고 이야기합니다.

서보명 그런 발상 자체가 가능한지 믿기 힘듭니다. 물론 대학에서 이 시대를 살아갈 기술을 가르치는 건 당연한 겁니다. 하지만 그와 동시에 인간을 고민하고 제도를 고민하는 공부도 4년 내내 꾸준히 시켜야 합니다. 대학 이사회는 대학의 구성원들과 대학의 미래를 만들기 위해 필요한 것들을 지원하려는 사람들의 모임입니다. 대학의 주인은 없어요. 각자 맡은 역할을 하는 것뿐이지요. 이념의 공동체일 뿐이고

요. 당연히 이 시대의 가치라 할 수 있는 민주적인 정신, 절차의 중요
성, 타인에 대한 관용 같은 것들을 일반 사회보다 먼저 구현해내려는
의지가 있어야 하는 곳이라 생각합니다.

김창인 한국의 대학하면, 1980년대 대학을 떠올리게 돼요. 저뿐만 아
니라 많은 사람들이 그럴 거예요. 사회 부정의에 맞서 싸우고 시대의
흐름을 바꾸며 주도해온 대학의 모습이요. 이런 점에서 한국 대학은
역사적 상징성이 있다고 보는데, 대학이 앞으로도 그래야 할까요?
혹은 그럴 수 있을까요? 대안 담론은 무엇이라고 생각하시나요?

서보명 그 부분에는 100퍼센트 동의합니다. 대학은 자유로운 공간이
어야 합니다. 학문의 자유, 양심의 자유, 생각의 자유를 최고의 가치
로 삼아야만 대학입니다. 이에 대해선 타협의 여지가 없는데, 자유가
가능하려면 대학에 자율권이 있어야 합니다. 1970년대, 80년대 한국
대학의 역사를 보면 자치와 자율에 대한 담론이 내부에 끊임없이 형
성돼 있었습니다. 근데 최근에는 어느 대학을 가도 대학의 자율성이
라는 말을 듣기가 힘들어요. 그런 담론이 현실성이 없어 공허하기 때
문이고, 그래서 스스로 포기해버린 게 아닐까요. 대학의 본질이 자유
와 자율에서 출발하고 이 시대에도 지켜내야 할 것이 있다고 생각할
때, 대학을 올바로 개혁할 수 있다고 생각합니다.

왜 우리 현실은 이런 본질을 상상하기도 힘든 상황이 되었을까 생

각해볼 필요도 있습니다. 한국 대학의 가장 큰 전통은 1960년대에서 80년대까지 반독재 민주화 운동을 주도해온 역사라 할 수 있습니다. 이 전통이 1990년대 문민정부가 들어서고 세계적으로 사회주의 세력이 몰락하고 세계화와 자본주의가 급부상한 상황에서 쇠퇴했지요. 자유와 자율이라는 예외적인 가치를 생명처럼 여기던 대학은 자본주의 체제의 부속품으로 전락해 자본의 기술자를 만드는 교육에 임하도록 종용받게 되었는데, 그건 한국만이 아닌 세계적인 현상입니다. 인간과 자유, 현실과 이상을 고민하는 대학은 비서구권에서 먼저 사라졌다는 생각이 들어요.

김창인 이상적인 대학은 만들 수 없는 걸까요?

서보명 예전에도 대학의 가치는 교수가 아니라 학생들의 저항으로 지켜온 면이 있는데, 요즘은 학생들마저도 저항이 아닌 철저하게 체제에 순응적인 인간이 되어간다는 느낌이 듭니다. 시대에 대한 저항보다는 학생들 사이에서의 치열한 경쟁을 하고 승리함으로 자신의 존재를 증명해낸다는 게 보편적인 인식이 되어버린 거죠. 김창인 씨 같이 자신의 미래를 걸고 저항하는 예는 지극히 예외적인 경우죠. 생각은 해도 힘을 합쳐 실천에 옮기기에는 상황들이 너무 각박하다는 생각을 할 겁니다. 생각마저 하지 못하는, 생각이 도움이 되지 않기 때문에 아예 생각이 불필요하다는 자기최면을 거는 경우도 있어요. 저는 그래서 대학의 미래가 밝지 않다고 생각합니다. 대학의 올바른 개혁을 위한 프로그램이 없어서가 아니라, 또 외부의 압력이 심해서가 아니라, 다만 대안이 없다는 체념이 크기 때문이라는 생각을 합니다. 이런 상황은 모든 이데올로기가 원하는 최상의 상태라 할 수 있어요. 이런 이데올로기가 만든 세계관 속에 갇혀 상상력을 잃어버린 상태, 대안이 가능하다고 믿지 못하는 상태요. 이 시대 자본주의 승리는 젊은 사람들이 취직 고민밖에 할 수 없는 현실에서 읽을 수 있습니다. 어느 정도냐면, 요즘 젊은 사람들한테 큰 기업에 취직하는 게 전부가 아니다, 세상에 더 중요한 게 있다, 이런 말을 하기 힘들어요. 그런데도 저는 대학에 대한 미련을 버리지 못했고, 김창인 씨도 같은 고민을 하고 있다고 생각합니다. 멀고도 험한 길이지요.

인터뷰 후기

서보명 교수의 《대학의 몰락》에 따르면, 고대 그리스의 아카데메이아를 제외하면, 신학을 공부하려는 성직자들의 모임이 대학의 초기 모델이다. 교황과 가톨릭 성직자들을 지역 주민들로부터 지키려고 조합을 만들었고 곧 이 조합은 지역 문화에 녹아들어 대학으로 자리 잡았다. 이들은 점차 신학 외에 다른 학문도 연구하기 시작했다. 그러나 대학은 기본 토대가 신학이었기 때문에 '종교'를 섬길 수밖에 없었다. 하지만 루터의 종교개혁을 시작으로 중세에서 근대로 넘어가면서 신학 중심의 대학이 흔들렸다. 칸트는 철학을 중심으로 대학이 개편되어야 한다고 했다. 이후 하이데거, 쇼펜하우어, 니체 등이 핵심은 대학의 주된 논의가 신학이 아닌 철학에 있다고 주장했다. 베를린 대학은 이들의 대학론이 간접적으로 실현된 곳이라 볼 수 있는데, 이것이 근대 대학의 초기 모델이다. 베를린 대학은 칸트가 말한 '이성'을 섬기는 형태의 대학은 아니었지만, 종교적 지배에서는 완전히 탈피했다고 볼 수 있다. 하지만 베를린 대학은 당시 민족국가 이데올로기를 공고히 하는, 즉 '국가'를 섬기는 형태의 대학이었다. 이 베를린 대학 모델은 전 세계로 퍼졌고, 흔히 생각하는 서구식 대학의 효시가 되었다. 이후 대학은 전 세계에서 고등교육을 담당하는 기관으로서 역할을 가진다. 하지만 자본주의가 발전하고 신자유주의 이데올로기가 강성해지면서 대학은 이제 '국가'가 아닌 '시장'을 섬기는 형태로 변화했다.

문제는 시장을 섬기는 형태의 대학은 스스로 견제와 비판의 기능을 완전히 버렸다는 것이다. 과거 종교를 섬기는 형태의 대학은 종교를 정화하는 기능을 했고, 국가를 섬기는 대학은 파시즘을 견제하며 비판하는 기능을 했다. 단순히 시대정신을 답습하고 이어나간 것이 아니라, 대학은 그 시대정신을 비판하며 새로운 시대정신을 만들어왔다. 하지만 시장을 섬기는 형태의 대학은 완전히 시장에 종속돼버렸다. 시장에 저항하는 것은 상상조차 할 수 없으며, 오로지 어느 대학이 더 잘 섬기느냐를 두고 경쟁하고 있는 형국이다.

한국에서 이러한 대학의 시장화는 기형적인 형태로 나타나고 있다. 애초에 시장(자본주의) 자체가 자생적인 것이 아니라 외부에서 이식되듯이 도입된 것일뿐더러, 서구식 대학 모델이 일제강점기라는 기형적인 체제 아래 도입되었으니 당연하다. 성균관의 전통적인 형태를 이어받아 대학 모델로 개조하려는 시도도 있었으나 안타깝게도 좌절되었다. 일제강점기 한국 대학은 크게 세 가지 모델로 나뉘어 도입되었다. 하나는 일제 식민 통치와 그 교육을 위한 식민 제국주의 대학 모델이다. 예를 들면 경성제국대학이다. 또한 미국 개신교 선교사들을 중심으로 한 개신교 재단의 서구식 모델, 그리고 민족자본을 중심으로 서구식 대학을 표방한 모델이다. 그 후 미 군정기가 되자, 경성제국대학은 지금의 서울대학교로 탈바꿈하며 압도적인 지원을 받았다. 당시 미 군정은 자신들에게 협조할 엘리트를 양성하기 위해 고등교육에 집중투자하는 전술을 펼쳐, 전체 고등교육 예산의 80퍼센트를 서울대에 투자했고 나머지 20퍼센트 중 90퍼센트를 연세대와 고려대에 투자했다. 당연히 고등교육은 서열화될 수밖에 없었으며 이는 한국 사회의 고질적인 문제로 고착되었다.

이후 대학은 고등교육의 역할, 즉 사회적 엘리트를 키워내는 목적 아래 성장해나갔다. 이 과정에서 기존 체제에 저항하고, 사회 정화를 담당하는 역할도 해냈다. 1960년대 전 세계적으로 좌파적 담론을 공유하며 반전과 평화 혹은 정의를 외쳤던 학생운동의 붐이 이를 입증

한다. 하지만 이후 대학가는 이데올로기적으로 반혁명 세력의 표적이 되었다. 대처리즘, 레이거노믹스로 대표되는 신자유주의, 보수주의가 대학을 공격하기 시작한 것이다.

이들의 논리는 간단하다. '세상에 존재하는 모든 것은 상품이 될 수 있다'는 것이다. 따라서 교육 또한 상품이 될 수 있으며, 대학을 영리화하는 것이 질 좋은 교육을 생산하는 지름길이라는 것이다. 이를 위해 그들이 조치한 방식도 간단하다. 모든 대학에 서열을 매겨 줄을 세웠다. 이러한 경쟁은 모든 대학을 평가 지표에 맹목적으로 충성하게 만들었다. 그리고 이 지표들에 충실하기 위해 즉 시장에 충성하기 위해 학과를 구조조정하고, 교수와 교직원을 감축해 저임금으로 착취하고, 등록금을 인상해 영리사업에 투자하거나 이를 계획하고 있다. 대학은 이제 스스로 이익을 추구하는 산업이 되길 주저하지 않는다.

한국 대학은 신자유주의가 도입되던 시기, 김영삼 정부의 5.31 교육개혁안을 통해 본격적으로 대학 민영화 프로젝트에 돌입했다. 개혁안의 주된 논리는 대학 경쟁력은 곧 국가 경쟁력이며, 이 대학 경쟁력을 높이기 위해 모든 대학을 경쟁을 통해 평가하고, 국가와 정부의 모든 지원을 최대한 축소한다는 것이다. 그리고 구체적으로는 대학 구조조정을 주된 담론으로 국립대를 법인화하고, 사립대를 민영화하는 내용이다. 대학 자율화라는 명목 아래 기업이 대학을 자율적으로 운영하도록 하는 시스템을 강력하게 추진하고 있다. 그리고 이러한 신자유주의적 교육정책은 김대중, 노무현 정부에 이르러서도 변함없이 추진돼왔으며, 이명박 정부를 거쳐 박근혜 정부에 이르러서는 더욱 시장 중심적으로 심화되어 현실로 나타나고 있다.

2015년 한국 대학가는 전국적으로 구조조정이라는 전염병에 시달리고 있다. 물론 이 과정이 총장 직선제 폐지와 학내 구성원들을 민주적인 구성원으로 인정하지 않는 사립학교법을 통해 완전히 '비민주적'으로 보장되었음은 물론이다. 이러한 대학 구조조정은 역사적으로 실패한 한국 고등교육 정책의 책임을 학생들을 비롯한 대학 구성원들에게 전가하는 것이다.

신자유주의에서 자유는 단지 '경쟁할 기회를 갖는 자유'임에 틀림없으며, 그 '경쟁에서 뒤처진 자의 자유'를 이긴 자가 '독점'하는 것 또한 분명하다. 경쟁의 끝은 결국 거대 자본의 독점이며, 신자유주의식 교육정책의 끝은 거대 교육 자본이 우리의 고등교육을 독점하는 것이다. 교육의 공공성은 완전히 사라진 채, 우리는 상상을 초월하는 금액의 등록금을 갖다 바치며 우리를 지배할 세력, 혹은 지배하려는 세력의 이데올로기를 학습해야 할 것이다. 그렇기 때문에 대학을 지키는 것, 대학의 공공성을 지켜내는 것은 곧 자본으로부터 우리의 미래를 지키는 것과 직결되는 문제이다.

프리팜학과
페지라구요?!

안녕하세요. 프리팜메드학과 14학번 정상미 입니다. 저는 덕성여대라는 학교명보다 프리팜메드학과에 매력을 느껴 자부심을 가지고 이학교에 입학하였으나, 학과-페지라는 소식을 듣게되어 혼란스럽습니다..

저는 페라가 될지도 모르는 걱정에 중간고사가 아닌 반수를 준비해야겠습니다....

대학입시에 다른대학의 합격통보를 받고서도 프리팜메드학과를 선택한 저희들을 이렇게 실망시키지 말아주세요...

'학생들의 힘으로 승리한 구조조정 투쟁' 덕성여대

2014년 8월 20일 만난 석자은은
그해 덕성여대 총학생회장이었다.

덕성여자대학교는 전국에서 구조조정 투쟁에서 승리한 몇 안 되는 대학 가운데 하나다. 도대체 어떻게 해야 구조조정 투쟁을 이길 수 있을지 고민하고 또 고민하던 나로서는 꼭 한번 만나 이야기를 듣고 싶었다. 그러던 가운데 석자은 총학생회장에게 연락했고, 인터뷰할 기회가 생겼다.

덕성여대는 신입생 총 정원이 1,290명밖에 되지 않는다. 그러다 보니 학교를 운영하려면 정원을 유지하는 것이 중요할 수밖에 없다. 그런데 약학 대학이 2+4 체제로 바뀌면서 신입생을 뽑지 못하는 상황에 놓였다. 약대 신입생이 없어 정원이 줄어드니 학교 차원에서는 부족한 인원을 충당해야 했고 약학 대학 및 의·치의학 전문대학원 진학을 목표로 한 학생들을 모집할 신설학과를 만들고자 했다. 그렇게 만들어진 학과가 바로 프리팜메드학과였다.

프리팜메드학과는 2010년에 신설되었다. 주로 약대와 전문대학원 진학을 목표로 하는 학생들로 정원 43명을 모았다. 오랜 준비기간을 거쳐 만들어진 학과가 아니었기 때문에 학과 내부가 튼튼할 수 없었다. 정교수도 없이 조교수 2명으로 유지되었고, 과방도 없었다. 학교 본부는 이런 프리팜메드학과가 구조조정 대상이 되었을 때, 상대적으로 반발이 덜할 것이라고 판단했는지 2014년 인원 감축을 해야 하는 상황이 되자 프리팜메드학과 폐지를 논의했다.

학교 본부 입장에서 프리팜메드학과는 '계륵' 같은 존재였다. 프리팜메드학과는 흔히 말하는 입결이 높은 학과다. 약대나 의·치의예대 진학을 목표로 하다 보니 입시 성적이 좋은 신입생들이 들어왔고 학구열도 높았다. 학교 본부 입장에서 보면 잘 팔리는, 장사 잘되는 학과였던 것이다. 하지만 프리팜메드학과에서 2년을 공부했다고 해서 무조건 약대로 진학할 수 있는 것은 아니었다. 그러다 보니 2학년을 수료하고도 약학대학 입문 자격 시험인 PEET 시험을 통과하지 못한 학생들은 불안감에 시달렸고 졸업하지 않고 계속 학교에 남아 있었다. 또한 타 대학의 약대에 진학한 학생들은 더 이상 프리팜메드학과에 남을 이유가 없었기 때문에 대부분 자퇴를 선택했다.

시간이 지날수록 프리팜메드학과는 통계 수치만 보면 최악의 학과가 되어갔다. 약대 진학에 성공한 학생들의 자퇴로 중도 탈락률이 높아졌고, 약대 진학에 실패한 학생들은 졸업하지 못했기 때문에 누적 학생 수는 늘어났다. 그렇다고 취업을 할 졸업생을 배출하지 못했기 때문에 취업률도 낮았다. 학교 본부는 결국 이 '계륵'을 버리기로 결정했다.

처음 구조조정 계획을 알게 된 계기는 학교에서 근로 아르바이트를 하던 프리팜메드학과 학생이 교무처에 심부름을 다녀오다 우연히 구조조정 이야기를 듣게 된 데에 있었다. 그 학생은 곧바로 프리팜메드학과 학생회에 말했고, 학생회는 담당 교수에게 확인을 요청했다. 교수는 프리팜메드학과 폐과 결정을 시인했고, 학과는 발칵 뒤집혔다.

총학생회는 덕성여대에 곧 구조조정이 있을 것이라는 예상은 어느 정도 하고 있었다. 학교 본부가 ACE 사업[1]과 CK 사업[2]을 동시에 추진했고, 이 사업들을 따내기 위해 인원 감축을 할 것이라는 이유였다. 그래서 총학생회는 선거운동을 할 때부터 구조조정에 대비하고 있었다. 그래서 프리팜메드학과가 구조조정 대상이 되었다는 소식을 듣고 총학생회에 찾아와 도움을 요청했을 때, 당황하지 않고 차분히 대응할 수 있었다.

구조조정 소식을 통보받은 프리팜메드학과 학생들은 자존심에 상처를 입었다. 학교 본부에서는 급하게 만든 학과일지 모르지만, 프리

---

[1]   Advancement of Collage Education. 정식 명칭은 학부 교육 선도 대학 육성 사업이다. '잘 가르치는 대학'을 목표로 자발적으로 노력한 대학을 선정해 2011년부터 4년간 약 30억 원씩 지원했다. 올해부터 5년간 연간 100억 원씩 지원한다.

[2]   Univercity for Creative Korea. 대학 특성화 사업. 수도권은 CK2, 지방대학은 CK1 사업 이다.

팜메드학과에 입학한 학생들은 다른 상위권 대학들을 포기하고 프리팜메드학과를 선택한 만큼 학과에 대한 긍지가 있었다. 학생들은 학교 본부가 정책 실패의 책임을 학생들에게 전가하는 태도 자체에 문제의식을 느꼈다. 또한 학교 본부가 이렇게 일방적으로 학교 정책을 추진하는 것은 옳지 못하다는 의견도 있었다. 이런 것들이 프리팜메드학과 학생들을 결집시켰다.

학내 여론 또한 프리팜메드학과에 압도적인 지지를 보냈다. 서명운동을 하는 동안 50명씩 줄서서 기다릴 만큼 학생들은 프리팜메드학과의 투쟁에 절대적인 응원과 지지를 보냈다. 이렇게 될 수 있었던 배경 가운데는 총학생회의 노력이 있었다. 구조조정 발표가 나기 전에 총학생회는 과마다 돌아다니며 30여 차례가 넘는 간담회를 개최했다. 단과대 학생회장들이 모인 중앙운영위원회 회의에서는 매주 구조조정 문제를 가지고 발제하고 세미나를 했다. 전체 학생을 대상으로 한 구조조정 간담회도 이틀 동안 6시간씩 진행했다. 그러다 보니 학생회 대표자들이나 집행부들은 적어도 대학 기업화와 구조조정의 문제점에 대해 모두 인식하고 있었다. 총학생회의 이런 노력에 힘입어 프리팜메드학과 사태가 불거졌을 때 학내 여론은 학교 본부의 일방적인 구조조정에 대해 응집력 있게 반대하는 모습을 보일 수 있었다.

총학생회는 자연대 학생회와 프리팜메드학과 학생회를 모아 중앙 구조조정 공동대책위원회(이하 '대책위')를 꾸렸다. 그리고 프리팜메드학과는 자체적으로 학과 구조조정 대책위원회를 꾸려, 총회를 열고 구조조정에 반대하는 투쟁 사안들을 민주적인 절차를 통해 의결했다. 학교 본부는 프리팜메드학과 폐과에 대해서 아직 논의 중일 뿐이라고 대응했지만, 프리팜메드학과는 논의 대상에서조차 자신들을 제외해달라고 요청했다. 대책위는 곧바로 서명운동과 학교 커뮤니티에 릴레이 글쓰기를 했다. 그리고 게시판에 올라온 릴레이 글들을 뽑아 학내에 전시하고 그 자리에서 서명을 받았다. 5일 동안 전체 학생의 3분의 1인 2,000명이 넘는 학생들이 서명을 했다. 프리팜메드학과 학생들은 오전 9시부터 오후 6시까지 빈틈없이 1인 시위를 했다. 본관으로 두 차례 항의 방문도 했다. 학교 본부는 전과나 학과 명칭 변경 등을 제안했지만, 프리팜메드학과는 타협하지 않았다. 결국 프리팜메드학과 학생들은 마지막으로 본관을 항의 방문했다. 이번에는 결론이 날 때까지 나오지 않겠다는 결심이었다. 100여 명의 학생들이 본관을 가득 메우고 공부를 했다. 구호를 외치거나 집회를 하는 것이 아니라, 학과 공부를 했다. 마침내 학교 본부는 학생들의 본관 농성에 백기를 들었다. 프리팜메드학과의 인원을 조정하되 폐과는 않는 것으로 결정지었다. 구조조정 투쟁에서 학생들이 승리한 것이다.

하지만 프리팜메드학과를 폐과시키지 않기로 결정하면서 다른 문제가 생겼다. 정부에서 요구하는 인원 감축을 해야 정부 지원 사업을 따낼 수 있는데, 그러려면 다른 학과에서 조금씩 인원을 줄여야 했다. 총학생회를 포함한 학생들은 인원 감축에 우려를 표했다. 지금은 정부에서 요구하는 4퍼센트 인원 감축을 받아들인다 해도 매년 계속되는 감축안은 결국 덕성여대 자체를 폐교 수준에 이르게 할 만큼 타격이 크다는 이유였다. 등록금으로만 대학을 운영하려면 적어도 8,000명 정도 학생이 필요하다고 한다. 그런데 덕성여대는 6,000명 규모다. 현재도 중소 규모의 대학인데 여기서 인원을 매년 감축하라는 것은 대학 차원에서 받아들이기 어려운 계획이었다. 정부의 대학 구조조정 계획은 학령인구 감소라는 요인에 대처하기 위한 것이다. 하지만 대학별 상황은 고려하지 않은 채 인원을 감축한 대학에 가산점을 부여하는 방식으로 경쟁을 시키다 보니 이러한 폐해를 야기한다. 덕성여대는 학생들의 요구를 들어줬다는 이유만으로도 정부의 재정 지원 사업 경쟁에서 밀릴 수 있는 것이다.

석자은 총학생회장은 이러한 구조조정 계획 자체가 정부의 잘못된 판단에서 나온 것이라 말한다. 기본적으로 정부의 대학구조개혁안은 학령인구 감소라는 문제를 해결하기 위한 방안이다. 즉 대학에 갈 인원이 줄어드니, 대학의 정원을 줄이거나 대학 수 자체를 줄이려는 것이다. 하지만 굳이 정부가 나서서 억지로 대학 정원을 줄이지 않아도, 대학은 조금씩 정원이 줄어드는 추세다. 그렇기 때문에 현재 정부가 추진하는 속도와 방식을 고집할 필요는 없다는 것이다. 또한 대학을 수익성과 효율의 관점으로 바라보는 것도 문제다.

물론 대학을 좀 더 나은 모습으로 만들기 위해 대학으로 하여금 경각심을 갖게 하기 위한 조치들이 필요할 수도 있다. 하지만 그러한 책임을 학생들에게 전가하는 것은 옳지 않다. 현재 대학 구조조정의 피해는 대부분 학생들이 감수하고 있기 때문이다.

석자은 총학생회장은 이런 문제를 해결하기 위해서는 가장 먼저 학생을 대학 구성원으로 인정하고 존중해주는 것이 절차적으로 보장되어야 한다고 주장했다. 학생이 학교의 주인이라 말해도 학생들이 실제 학교 운영에 있어 절차상 주어진 역할이 거의 없다. 중요한 사안에 대해 가장 크게 영향을 받음에도 결정권이 없는 것이다. 그렇기 때문에 학생들은 자신들의 권리를 지키기 위해, 학교 운영에 참여하기 위해 투쟁이라는 방식을 선택할 수밖에 없다.

학생들 또한 주체적으로 관심을 가지고 학교 운영에 참여해야 한다. 투쟁할 때도 단순한 반대가 아니라 대안과 방안을 내놓을 수 있다면 더욱 좋다. 덕성여대 학교 본부는 2010년 '비전2020+'라는 이름으로 구조조정을 포함한 장기적인 학교 발전 계획안을 발표했다. 덕성여대 총학생회는 그룹별 멘토링 사업, 수준별 영어 교육, 융합전공 살리기 등 학생들이 원하는 '비전 2020'을 따로 만들어 학교 본부에 제안하기도 했다. 학생들은 학교 발전에 반대하지 않는다. 다만 그 발전에 학생들의 목소리가 반영되기를 바랄 뿐이다.

끝으로 석자은 총학생회장은 구조조정 투쟁을 절대 '포기'하지 말아야 한다고 말했다. 할 수 있는 것을 모두 다 하면 분명 이길 수 있을 것이라 말했다. 덕성여대 프리팜메드학과 폐과 사태 때, 그는 마지막으로 학교 본부가 교육부에 구조조정 안을 제출하는 날까지 세

종시에 쫓아 내려갔다. 덕성여대 학생들은 학교 측의 구조조정 안에 반대한다는 입장을 명확히 밝혔다. 마지막까지 절대 포기하지 않는 모습이야말로 덕성여대 구조조정 투쟁을 승리로 이끈 가장 큰 힘이었던 것이다.

인터뷰 후기

학내 투쟁을 하면서 가장 어려운 점은 내부의 의견을 일치시키기 어렵다는 것이다. 단순히 '우리 과가 없어지기 때문에 투쟁한다'라는 것은 학과 구성원들도 정당성에 동의하기 어렵다. 게다가 학교 본부가 제시하는 전과 카드나 타협점에 흔들리다 보면, 내부에서 분열이 일어나고 투쟁이 흐지부지되는 경우가 다반사다. 학내 여론 또한 학과 구조조정의 본질이 무엇인지 학생들과 논의할 수 없다면 구조조정 투쟁에 동의하는 여론이 줄어들 수밖에 없다. 학생들의 지지를 받지 못한 투쟁은 아무리 명분이 정당하다 하더라도 지는 것이 당연하다.

덕성여대는 이런 구조조정 투쟁의 난점을 극복한 사례다. 대학 구조조정이 단순히 어느 한 학과를 없애는 문제가 아니라 우리 모두와 관련된 일이라는, 학내 구성원의 이해관계를 잘 파악했다. 그리고 수십 번이 넘는 간담회를 통해 학생들을 설득했다. 덕성여대는 다른 구조조정 투쟁을 했던 대학들에 비해 투쟁의 강도가 매우 낮았다. 그

흔한 천막도 치지 않았고, 단식도 삭발도 하지 않았다. 투쟁이 강경하다고 해서 이기는 것이 아니라는 반증이다. 학생 다수의 동의를 얻고 함께해야 이길 수 있다는 것을 보여준 사례다.

물론 덕성여대의 특수성 또한 투쟁에 영향을 미쳤다. 총학생회에서 이야기한 것처럼 정부의 요구대로 정원을 계속 감축한다면 덕성여대는 폐교 수순을 밟을 수밖에 없다. 학교 본부도 이를 잘 알고 있기 때문에 무조건 학생들의 의견을 무시할 수만은 없었던 것이다.

2014년 2학기, 덕성여대는 서울에서 유일하게 정부 재정 지원 제한 대학으로 선정되었다. 준비했던 ACE 사업과 CK 사업은 모두 탈락했다. 이에 대해 학생들이 요구한 대로 구조조정 안을 철폐했기 때문이라는, 인원을 감축하지 못했기 때문이라는 시선도 있다. 박근혜 정부는 지속적으로 각 대학에 채찍질해 구조조정을 강요하고 있다. 이런 환경에서 각 대학은 학생들의 요구를 들어주기가 점점 더 어려워지고 있다.

대학 구조조정 투쟁의 본질은 대학 본부가 아니라, 정부 정책에 있다. 결국 정부를 설득할 수 없다면, 각 대학에서 구조조정 투쟁을 이겼다고 해도 완전히 해결된 것이 아니다. 정부를 설득하기 위해 가장 먼저 필요한 것은 대학 구조조정에 대한 사회적 이해도를 높이는 것이다. 이를 위해서는 대학 구성원인 학생들을 가장 먼저 설득해야 한다. 덕성여대 사례를 통해 꾸준한 노력만이 학생들을 설득할 수 있다는 것을 알았다.

'민주주의만 쏙 빠진 구조조정' 경기대

2014년 8월 21일 만난 임승헌은
경기대 총학생회장이었다.

2014년 1학기 대학 구조조정으로 언론에 많이 나온 대학 가운데 하나는 경기대학교였다. 경기대 학생들은 학교 본부의 일방적인 구조조정에 맞서 치열하게 싸웠다. 나는 당연히 이들의 이야기를 듣고 싶었고, 때마침 인터뷰할 기회가 생겼다. 2014년 경기대 구조조정 투쟁을 이끌었던 임승헌 총학생회장과 경기대 캠퍼스 안에서 만나 이야기를 나누었다.

경기대는 '경기 비전 2024'라는 이름으로 대학 구조조정을 준비하고 있었다. 이 비전 2024는 경기대 서울 캠퍼스와 수원 캠퍼스의 중복 학과를 통폐합하는 것이었다. 서울 캠퍼스와 수원 캠퍼스의 중복 학과는 총 15개 학과 가운데 8개 학과로 국문, 영문, 경영, 무역, 회계, 경제, 법, 행정학과이다. 이 8개 학과를 수원 캠퍼스로 이전시키면서 동시에 인원을 감축하여 정부에서 요구하는 조건을 충족시킴으로써 가산점을 노리려는 것이다. 그리고 수원 캠퍼스에 있는 관광대를 서울 캠퍼스로 이전하여 발전시킨다는 내용이다.

학교 본부의 입장은 중복 학과가 존재하면 행정과 수업이 모두 방만해져 경영이 어렵고, 지출 낭비가 심하다는 것이었다. 경기대는 중복 학과의 교수진도 같아 한 교수가 서울과 수원을 오가며 수업을 해야 하는 기형적인 체계를 갖추고 있었고, 이는 학교 본부에서 반드시 해결해야 할 부분이었다. 그런데 이러한 경기대의 기형적인 체계의 원인은 애초 학교 본부의 과욕에서 시작됐다. 본래 경기대는 서울 캠퍼스에서 11개 학과로 시작했지만, 시간이 지나고 수원 캠퍼스가 생기면서 수원 캠퍼스도 새로운 학과가 아니라 중복된 학과 11개로 시작했다. 새로운 캠퍼스를 신설하면서 비용을 아끼려다 보니 중복 학과로 시작하고 교수진도 같게 돼버린 것이다. 그러던 가운데 수원 캠퍼스가 본 캠퍼스가 된 것이다.

학생들은 학교 본부의 입장을 기본적으로는 이해했다. 하지만 좀 더 민주적인 방식으로 학생들과 머리를 맞대어 더 나은 해결법을 찾아보자는 것이었다. 단순히 효율성이나 예산 감축에 목표를 두지 않고 학생과 교육이라는 가치를 중심으로 재논의하자는 것이었다. 대안을 제시할 수는 없지만, 지금과 같은 과격한 방식 말고 대안을 함께 고민해보자는 것이었다. 통폐합을 시행하는 학과 선정이나, 학과 개수 그리고 인원 감축의 정도 등은 학생들과 조금 더 논의를 할 수 있음에도 학교 본부는 단호했다. 교육부의 대학구조개혁안에서 경기대가 살아남기 위해 어쩔 수 없다는 것이었다. 일단 선제 감축해서 이후 추가 감축을 막아보겠다는 것이 학교 본부의 계획이었다. 교육부에서 요구하는 대로 모두 감축하면 정원이 2,500명인 경기대 서울캠퍼스 같은 소규모 대학은 폐교 조치를 피할 수 없기 때문이다.

총학생회와 대상 학과들은 먼저 구조조정 공동대책위원회를 꾸렸다. 학내 여론은 나쁘지 않았다. 전부터 학교 본부의 구조조정 예고에 대해 학생 대표자들은 경각심을 가지고 있었고, 자신들의 학과의 문화, 기풍, 그리고 신입생이 사라지는 것에 대한 분노도 있었기 때문이다. 대책위원회는 총회 실천단을 꾸리고 3월부터 활동을 개시했다. 경기대 학생들에게 구조조정에 대해 알리고 여론을 모으려는 의도였다. 그럼에도 학교 본부가 입장 변동이 없자, 학내에서 대표자 삼천배를 진행했다. 총학생회장은 삭발을 하고, 총회를 소집했다. 총회가 성사되었고, 학생들은 총장실 무기한 점거를 결정했다. 총학생회장은 총장실에서 총장이 면담에 응할 때까지 단식을 하겠다고 선언했다. 하지만 총장은 오지 않았다. 학생들이 할 수 있는 것은 구조조정 전 마지막 절차인 대학평의원회를 막는 것밖에 없었다. 그래서 300명이 넘는 서울 캠퍼스 학생들은 수원 캠퍼스로 내려갔다. 그리고 평의원회를 막았다. 평의원회 의장은 학생들과 총장의 면담을 주선해주었다. 그제야 학생들은 총장을 만날 수 있었지만, 총장의 입장은 강경했다. 결국 구조조정은 강행되었다. 그 후 투쟁의 열기가 식었고, 총학생회는 함께했던 학생들을 모아 투쟁에 대한 평가를 진행했다. 이 모든 구조조정의 원인은 사실상 교육부의 지침이었기 때문에 교육부를 대상으로 전국 대학 구조조정 공동대책위원회에서 진행하는 토론회나 서명운동에 참여하기도 했다. 그러나 학내에서 투쟁은 거의 끝났다. 그로 인한 패배감은 많은 학생에게 상처를 입혔다.

임승헌 총학생회장은 근본적으로 교육부의 정책에 제동을 걸지 못하면 구조조정 싸움을 이기기는 어렵다고 말했다. 경기대의 구조조정 초안은 관광개발학과, 외식·조리학과, 관광이벤트학과를 서울로 이전하는 것에 그쳤다. 그런데 정부의 구조조정 재촉이 계속되면서 서울 캠퍼스의 절반에 달하는 8개 학과를 모두 없애려 했다. 앞으로도 교육부의 대학구조개혁안이 계속 추진될 경우 이미 시행된 구조조정 외에 추가 통폐합이 진행될 것은 불 보듯 뻔한 일이다.

임승헌 총학생회장은 구조조정 투쟁의 본질은 가치의 중심을 어디에 두느냐의 문제라고 말했다. 대학이 앞으로 나아가야 할 방향을 효율성에 두느냐 아니면 학생에 두느냐의 문제인 것이다. 효율성을 중요시할 경우, 결코 대학은 살아남을 수 없다고 말했다. 구조조정 투쟁은 예전 1980년대 대학생들이 했던 학원 자주화 투쟁과 비슷한 면이 있다. 학원 자주화 투쟁이란, 대학 구성원으로서 학생들이 스스로 권리를 되찾기 위한 투쟁이다. 이러한 선배들의 투쟁 덕분에 현재 대학에는 학생회가 존재하고, 학생들이 누릴 수 있는 권리들이 생겨난 것이다. 그런데 대학 구조조정 문제가 불거지면 불거질수록 학생들의 권리는 사라진다. 대학이 나아가야 할 방향에서 의견 수렴

은커녕, 목소리조차 낼 수 없는 것이 현재 대학생들이 가진 권리 수준이다. 대학 구조조정 문제는 학생들이 대학 구성원으로 당당히 인정받기 위한 투쟁이고, 대학 민주주의를 이루기 위한 투쟁이기도 한 것이다.

인터뷰 후기

경기대 사례를 접하고 많은 부분에서 놀랐다. 경기대 구조조정은 단순히 취업률을 잣대로 학과를 없애는 다른 대학들의 사례와는 다르다. 중복 학과를 통폐합한다는 강력한 명분이 학교 본부에 존재한다. 하지만 그럼에도 '대학 구성원들의 민주적 의사 참여'라는 의제로 많은 학생이 호응했고, 실제로 열심히 투쟁에 참여했다. 이런 경기대 사례를 보며 투쟁을 이끄는 주체가 어떻게 하느냐에 따라 구조조정 대상 학과들과 학생들이 자신들의 권리를 어디까지라고 생각하고 느끼는지, 또 얼마큼 분노하고 행동하는지가 결정되는 것이라는 사실을 알게 됐다. 그리고 학교 본부가 얼마나 학생들의 권리를 무시하고 소통하려 하지 않는지 또한 알 수 있었다. 총학생회장이 무기한 단식을 해도 총장을 만날 수 없었다. 충분히 토론하고 함께 결정할 수 있을 만한 사안임에도 학교 본부는 일방적인 행보를 보였다.

　경기대는 2014년 하반기 구舊 재단 복귀 문제로 다시 논란이 일었다. 교비 52억 원을 횡령한 혐의로 쫓겨난 구 재단이 복귀하려는 움직임을 보여 학생들과 교수들 모두 경악을 금치 못했다. 그럼에도 정부와 교육부는 침묵으로 일관하고 있다. 아니 오히려 이를 방조하고 있다.

대학 구조조정 문제를 해결하기 위해서는 각자의 대학에서 싸우는 것만으로는 부족하다. 아무리 잘 싸워도 이기기 힘들뿐더러, 혹 이긴다 하더라도 절반의 승리일 것이다. 그렇기 때문에 여기에 함께하고자 하는 모든 대학생들이 모여 교육부와 정부를 대상으로 싸워야 한다. 그리하여 시장 논리, 경쟁 중심의 방향성을 바꾸어내야 한다. 그래야 대학 구조조정 문제의 본질적인 해결이 가능하다. 임승헌 총학생회장의 말대로 각 대학별로 구조조정 투쟁을 전개하는 것에 그치는 것이 아니라, 대학생들이 모여 교육부를 대상으로 정책을 바꾸어내는 투쟁이 필요하다.

교육철학이 부재한 정책은 교육 환경을 황폐화할 거예요

인터뷰이_안민석(국회의원, 새정치민주연합)

김창인 교육문화체육관광위원회(교문위) 소속 국회의원으로서 대학 문제에 관심이 남다를 것 같습니다. 그동안 대학이나 고등교육 문제와 관련해 진행하신 활동에는 어떤 것들이 있는지요?

안민석 국회의원 10년 동안, 7년여의 시간을 교육 상임위원회에서 활동했습니다. 그만큼 교육 분야에 관심이 큽니다. 고등교육과 관련해 가장 기억에 남는 것은 지난 18대 국회에서 진행된 대학생들과 학부모들의 생존의 문제이자 여야를 초월한 긴급 현안이었던 반값 등록금 문제입니다. 교육과학기술위원회(교과위) 간사를 하면서 대학생들, 시민사회단체들과 반값 등록금 문제를 사회적 담론으로 확산시켜 학자금 대출 이자율을 인하하고 취업 후 상환하는 '든든 학자금대출 제도'와 '국가장학금 제도'를 도입하는 등 부족하나마 소기의 성과를 거뒀습니다.

19대 국회에 들어서는 사학 비리 근절과 대학의 투명한 운영을 위해 적립금만 쌓아놓고 등록금은 인하하지 않거나 학생 등록금에서 법인 부담금을 전용하는 사립대학의 재정 운용 실태를 지속적으로 지적하고 있습니다. 최근에는 사상 최악의 청년 실업난 속에 어쩔 수 없이 졸업을 연기하는 이른바 '대학 5학년생'들에게 과도한 등록금을 징수하는 대학의 행태에 문제를 제기했습니다. 특히, 현 정부의 대학 구조조정 방식에 대해 비판적 문제의식을 갖고 있습니다. 작년에는 교수 단체와 〈박근혜 정부의 대학 구조조정에 대한 진단과 대학 사회의 제언〉이라는 토론회를 통해 구조조정의 실태를 짚었습니다.

김창인 현재 구조조정과 대학 등급제 관련 법안이 어떤 식으로 논의되고 있나요?

안민석 관련 법안으로 현재 '대학 평가 및 구조개혁에 관한 법률(안)' (김희정 의원 외 발의)이 발의돼 있습니다. 이 법안은 대학 평가와 구조조정을 위한 법적 근거를 마련하고 법인 해산 시 설립자에게 잔여 재산을 줄 수 있는 특례를 둔다는 내용입니다. 교육부는 이 법안을 통해 자발적 구조조정이 가능해진다고 주장합니다. 그러나 수십 년간 부정·부실 운영의 책임이 있는 설립자와 운영자에게 면죄부를 준 것임은 물론 초법적 특혜를 준 꼴입니다. 퇴출 대학의 잔여 재산은 현행대로 국고에 귀속해야 합니다.

김창인 말씀하신 것처럼 현재 한국 대학가는 대학 구조조정 문제가 심각합니다. 특히 올해부터 본격적인 감축 기간인 만큼 대학가 전체에서 그 갈등이 표면화되고 있습니다. 구조조정 대상 학과 학생들 가운데는 학내 투쟁이나 법적으로 문제를 해결하기보다는, 정치권과 국회에 희망을 건 친구들도 있습니다. 국회 밖에서 보기에 고등교육과 대학 문제에 관심을 가진 의원은 별로 없는 것 같습니다. 대학 구조조정에 대한 국회 내의 의견이나 관심은 현재 어떤가요?

안민석 대학 구조조정은 올해 대학가를 관통하는 핵심 현안입니다. 국회에서도 마찬가지죠. 여러 의원들이 대학 구조 개혁에 관한 토론회 등을 꾸준히 개최하며 적극 대응하고 있습니다. 가장 최근에는 〈교육부의 대학 구조조정은 대학을 어떻게 황폐화시키고 있나—대학 구조조정 폐해 고발대회〉를 통해 학생, 교수, 학내 노동자 등 대학 구성원들의 생생한 목소리를 들을 수 있는 기회도 가졌습니다. 그리고 야당 내에서 대학 구조 개혁 태크스포스팀까지 만들어 운영하고 있습니다.

김창인 앞서 말씀하신 '대학 평가 및 구조개혁에 관한 법률(안)'에 따르면 2023년까지 대학 정원 16만 명을 감축하고, 이를 통해 대학의 질적 향상을 이루겠다는 내용이 골자인데요. 학령인구가 감소하기 때문에 구조조정을 할 수밖에 없다는 것인데, 과연 대학구조개혁으로 학령인구 감소 문제, 대학의 질적 향상이라는 목적을 달성할 수 있을까요?

안민석 학령인구 감소로 부실 대학의 퇴출 및 정원 조정이 불가피해졌다는 부분은 동의합니다. 정부 지원금이나 학생 등록금으로 부실 대학의 생명을 연장시킬 필요는 없거든요. 그러나 현 정부의 대학 구조조정은 기계적으로 정원을 학령인구에 맞추는 방식으로 대학의 질적 성장이나 국가 균형 발전과는 거리가 멉니다. 대학의 몸집은 줄지언정 허약 체질은 그대로일 게 뻔하다는 겁니다.

김창인 오히려 부작용이 일어난다고 보는 시선도 있습니다.

안민석 맞습니다. 교육부의 정량지표 중심의 획일적 평가 때문에 지표 성과 부풀리기가 성행하고 기초 학문과 인문학은 줄지어 문 닫고 있습니다. 대학의 왜곡된 경쟁과 갈등이 가속화되면서 오히려 대학 서열화와 수도권 집중화만 더욱 심화되고 있어요. 재정을 미끼로 단순한 정원 감축만 고집할 게 아니라 대학이 말 그대로 상아탑으로서의 역할을 수행할 수 있도록 정부의 과감한 정책 결단과 재정 투자가 필요한 상황입니다.

김창인 박근혜 정부의 시장주의적 성격이 교육정책에서는 대학 구조조정으로 드러난다고 보는데요. 대학 구조조정은 취업률 같은 지표로 대학과 학과를 평가하고 경쟁시키며, 뒤처지는 대상은 과감히 없앤다는 내용이 핵심이라고 생각합니다. 이러한 박근혜 정부의 교육정책을 어떻게 평가하시나요?

안민석 박근혜 정부의 행복 교육은 모두가 불행한 교육으로 전락했어요. 청소년 행복 지수는 6년째 OECD 국가 가운데 최하위이고, 청소년 자살률은 10년째 OECD 국가 가운데 1위입니다. 청년 실업률은 역대 최고치를 기록했어요. 이건 현 정부가 교육에 대한 근본적인 고민과 철학이 빠진 채 여전히 경쟁과 수월성만을 강조한 결과라고 봅니다.

　이러한 교육정책은 국가를 멍들게 만듭니다. 지금과 같은 교육정책 기조는 아이들을 계속 입시를 위한 공부 기계로 전락하게 만들고, 대학은 학문을 가르치는 곳이 아닌 취업 사관학교로 전락해 기업화 현상이 가속화될 것이라 예상합니다. 이처럼 교육철학이 부재한 현 정부의 교육정책은 교육 환경을 황폐화하고 있다는 점에서 큰 문제이며 따라서 끊임없이 저항하고 비판해야 해요.

　이제는 우리나라 교육의 미래를 위해 새로운 교육 패러다임이 필요합니다. 5.31 교육 체제는 자율과 책무, 수요자 중심, 다양화와 선택이라는 기조로 일부 성과도 있었지만, 무한 경쟁 체제 속에 양극화되고 황폐화됐어요. 국가교육위원회처럼 정당과 이념을 초월한 사회적 합의 기구를 구성해 100년을 내다보고 교육정책을 수립해야 합니다.

김창인 대학 구조조정 정책은 신자유주의 정책입니다. 결국 대학 영리화의 흐름으로 갈 텐데요. 현재 교육 법인에 대한 잔여 재산 귀속 특례가 추진되고 있으며, 외국 대학 유치를 허용하려 하잖아요. 대학 민영화에 대해 어떻게 생각하시나요?

안민석 성균관대나 중앙대의 구조조정 사태는 대학 교육의 근간을 뒤흔드는 충격적인 일이지요. 기업이 아예 대학을 인수해 일종의 자회사처럼 운영하려는 발상으로 취업 잘되는 학과나 전공만 남기겠다는 건데, 이건 교육부의 구조조정 방향과도 일맥상통합니다.

이러한 대학의 기업화, 민영화 추세는 더욱 강화될 것으로 보입니다. 재벌 기업이 지배하는 사립대학은 대학의 수장이 기업의 입맛대로 움직이고 교수들은 기업의 사원처럼 성과에 목을 매겠죠. 취업 사관생도인 학생들은 오직 취업을 위한 학점과 스펙 경쟁에 바빠요. 든든한 후원의 대가로 상아탑의 영혼은 빼앗긴 신세가 됐습니다.

그러나 대학 민영화가 확산될수록 대학 사회는 더욱 황폐화될 것이고 우리의 교육 현실도 경쟁 중심으로 악화될 우려가 있으므로 이러한 움직임을 막기 위한 지속적인 저항과 견제가 필요합니다.

김창인 대학 구조조정의 문제는, 내용이 시장주의적이고 형식이 반민주적이고 폭력적이라는 것입니다. 대학들은 지금까지 학내에 잔재해 있는 유신 시절 학칙을 이용해, 대학 구조조정 과정에서의 민주적인 절차와 소통을 요구하는 학내 구성원들을 탄압하고 있습니다. 학생들이 이에 대해 소송도 걸었지만 법원은 대학의 손을 들어주고 있는 상황인데요. 왜 이런 위헌적 소지가 있는 학칙들로부터 학생을 보호하고 학생 자치를 보호해주지 못하는 걸까요?

안민석 현재 일부 사학 법인들은 사회 기득권층으로서 일종의 카르텔을 형성하고 있습니다. 교육부는 대학 자율화라는 미명 아래 대학들이 자행하는 여러 폭력적 행위를 묵과하고 있으며 많은 대학 분규 상황에서 교묘하게 재단의 편을 들어왔어요. 이런 과정에서 학생들의 인권은 등한시되고, 학내 민주주의가 후퇴하는 현상이 계속 발생하고 있어요. 이 거대한 기득권 계층이 학생들의 민주화 목소리를 막고 있어, 상황을 해결하는 데 많은 어려움이 존재합니다.

하지만 국회에서는 학내 민주주의와 학생 인권 보호에 대한 중요성에 크게 공감하고 있으며 해결 방안을 모색하기 위해 다양한 입법 활동과 토론회·공청회 등 정책 연구들을 진행하고 있습니다. 앞으로도 이러한 노력을 계속해나가겠습니다.

김창인 대학 구조조정 문제를 대학 내에서 자율적으로 해결하려면 대학 내의 민주적인 절차와 형식을 법적으로 보장하는 것이 시급합니다. 대학의 공식 운영 기구에 대학 구성원들을 적절한 비율로 참여시킬 의무가 있고 법적으로 총장 직선제를 보장하는 등의 대안이 필요합니다. 그런데 대안을 논의함에도 현실화되지 않는 이유는 무엇인가요? 현 정부에서 추진하기는 어려운 것인가요?

안민석 학생들이 대학에 공식적인 의견을 전달할 수 있도록 구성원으로 참여할 수 있는 기구로는 대학평의원회가 있어요. 그러나 대부분의 대학이 11명 이상의 구성원 안에 학생은 한두 명만 포함시키거나 아예 배제해 그 대표성을 미미하게 만들고, 결정 사항에 대해서도 무시하는 태도로 일관하는 등 취지가 무색해지고 있습니다.

이처럼, 대학 운영의 민주성과 투명성을 높이려 개방형 이사제, 대학평의원회, 등록금심의위원회 등이 도입됐지만, 대학들의 꼼수 운영으로 대부분 취지에 맞지 않게 운영되고 있습니다. 이러한 제도들이 제대로 기능하기 위해서는 정부 당국의 의지와 관리·감독 또한 중요함에도 교육부가 이미 기득권의 한 축을 행사하는 현실적 한계도 존재합니다. 그러나 국회에서는 이러한 부분들을 보완하기 위해 계속 노력할 것입니다.

김창인 대학이 사회에서 가지는 역할이 중요하다고 생각합니다. 하지만 현재 대학은 사회 정화나 비판적 역할을 감당하기는커녕 대학 자체가 파괴되고 있어요. 대학이 살아남으려면 대학이 어떻게 변해야 하는지 근본적인 성찰이 필요하다고 봅니다.

안민석 현재 우리 대학은 자본의 논리에 지나치게 얽매여 학문과 진리를 탐구하는 상아탑이란 말이 부끄러울 정도로 망가졌어요. 부실 대학으로 낙인찍힐까 봐 구조조정 평가에 목숨을 내걸고 취업률 끌어올리기에 안간힘을 쓰고 있는 것처럼 말입니다. 교육은 뒷전이고 연구는 사치라는 말까지 나돌 정도예요.

우리 대학이 무엇을 위해 어디로 가고 있는지 심각한 고민과 사회적 재정립이 필요합니다.

김창인 대학 구조조정 문제에 많은 학생이 반발하고 있지만 각개격파 당하며 구조조정을 막아내지 못하고 있습니다. 이 싸움에서 이기기 위해서는 국회와 학생 모두 각자의 역할을 잘해나가야 할 것 같은데, 국회에서 할 수 있는 역할과 학생들이 할 수 있는 역할은 무엇이 있을까요?

안민석 다윗과 골리앗의 싸움과 같아요. 기울어진 운동장에서 치르는 어려운 싸움이지만 포기하지 않는 것이 가장 중요할 것 같습니다. 어렵더라도 학생들이 끊임없이 비판의 목소리를 내야 합니다. 국민들이 사태의 심각성을 공감하고 대학 구조조정이 이렇게 흘러가서는 안 된다는 인식을 공유할 수 있도록 학생들이 지치지 말고 여론을 주도하는 역할을 해주었으면 합니다.

국회에서도 여러 입법 활동과 정부 부처 압박 등을 통해 대학들이 변화할 수 있도록 최선을 다하겠습니다. 계란으로 바위치기처럼 보이는 어려운 싸움이지만, 학생들이 힘을 내는 한, 국회에서도 치열하게 싸워 나갈 것입니다.

마지막으로 대학의 기업화와 불의에 저항하며 '정의가 없는 대학은 더 이상 대학이 아니기에 대학을 그만둔다'는 자퇴 선언은 우리 사회에 큰 경종을 울렸습니다. 하지만, 개인적으로 학생이 자퇴라는 극단적 수단까지 선택하며 저항하도록 만든 것에 대해 국회의원으로서, 어른으로서 미안한 마음을 전하고 싶습니다.

인터뷰 후기

화호유구畵虎類狗. 호랑이를 그리려다 개를 그린다는 뜻이다. 지금 정부의 구조조정은 겉만 그럴싸할 뿐 속 빈 강정이다. 설령 그 내용과 방향이 나의 의견과 반대인 것을 차치하더라도, 그들이 말하는 목표는 달성하기 어려울 만큼 허술하다. 그러다 보니 온갖 꼼수가 난무하고 부작용이 일어나는 것이다. 이러한 상황이 계속된다면, 단순히 부작용이 아니라 정책의 결과 자체가 최악이 될 것이다.

철저하게 준비해야 한다. 5.31 교육개혁안에서 볼 수 있듯 준비 없이 정책만 강행하다 보면 또다시 실패할 것이다. 그리고 이러한 준비는 모두 머리를 맞대고 고민하는 과정에서만 비로소 철저해질 수 있다.

정명正名. 단순하게 생각하면 쉽다. 대학이 대학다우면 된다. 생각해보면 대학을 통해 다른 무언가를 이루려는 욕심이 모든 걸 망쳤다. 기본에 충실하자. 돌이켜보면 12년 동안 공교육에서 그렇게 강조하던 것이 기본에 충실하자는 것이었다. 이를 그대로 적용하면 된다. 기본에 충실한, 대학을 대학답게 하는 교육정책이 필요하다.

안민석 의원은 대학 구조조정 싸움을 '다윗과 골리앗'의 싸움에 비유했다. 어려운 싸움이지만 결국 승자는 다윗이다. 다윗은 무게가 나가는 갑옷과 투구, 칼을 거부했다. 우리도 마찬가지다. 거추장스러운 모든 걸 벗어던져야 한다. 오직 최소한의 기본만을 가지고 새로운 대학을 만들어나간다면 충분하다.

학생들이 목소리를 더 내야 해요

인터뷰이_김재연(전 국회의원, 전 통합진보당)

김창인 학생운동을 하셨고, 대학 사회에 관심이 많으신 걸로 알고 있습니다. 대학생들이 대학 구조조정 문제로 힘든 싸움을 할 때마다 자주 얼굴을 보여주셔서 기억에 남습니다. 전 국회의원으로서 대학 문제와 관련해 어떤 활동을 하셨는지 궁금합니다.

김재연 2000년대 중반 이후 대학에 신자유주의가 급속도로 밀려 들어오기 시작했어요. 대학 구조조정 문제, 제2, 제3캠퍼스를 짓는 문제, 취업률을 대학의 평가 기준으로 삼는 문제 등의 여러 문제는 결국 신자유주의라는 하나의 고리로 연결되어 있어요. 심지어 졸업 인증제나 대학의 학과를 새로 개설하는 문제도 마찬가지입니다.

지난 총선, 대선에서 큰 이슈였던 반값 등록금 문제 이후 2013년부터 학과 통폐합 논란이 시작되면서 대학은 민주주의가 파괴되고 공동체가 무너졌지만, 여기서 최대 피해자는 학생입니다. 갈수록 양상이 다양해지지만 근본은 '신자유주의'에 있다는 생각으로 국회에서도 계속 관심을 가졌습니다.

2013년 7월 국회에서 몇몇 의원과 함께 대학 구조조정 근본 해결을 위한 토론회를 진행했어요. 그때 나온 의견을 바탕으로 9월에는 고등교육법 개정안을 발의했죠. 내용은 학과 구조조정 통폐합 논의를 위해 학교조직개편위원회를 심의 기구로 두고 이 가운데 3분의 1 이상이 학생이어야 한다는 것이에요.

김창인 이 개정안에 대해 학생들이 잘 모르는 것 같아요.

김재연 개정안 발의 이후 대학 구성원들의 의견을 모으거나 그들과 함께할 수 있는 활동을 만들어내지 못했어요. 저 자신도 평가해야겠지만, 현실적인 어려움도 있었어요. 지금까지 '대학 구조조정' 싸움의 주체는 주로 폐과 대상 학생들이었는데, 한 학기 혹은 1년이 지나면 폐과가 되어 계속 싸움을 이어나가기 어려웠죠. 주체가 없어서 함께할 수 있는 활동을 만들고 싶어도 만들지 못한 점, 아쉽고 또 안타깝습니다.

김창인 개정안을 발의했을 정도로 국회에서도 관심이 있었군요. 인터뷰하느라 여러 대학의 학생들을 만났는데 폐과 대상 학과 학생들은 굉장히 절실해요. 그래서 뭐든 열심히 해보지만 결론은 항상 진다는 거죠. 정치권에 희망을 거는 친구들도 있는데, 국회가 더 많이 관심을 갖도록 하려면 어떻게 해야 할까요?

김재연 학생들이 목소리를 더 내야 해요. 너무 조용해요. 여러 노력이 필요하겠지만 국회를 이용할 필요가 있어요. 대학 구조조정 문제는 결국 대학을 시장화하려는 세력과 대학을 대학답게 지키려는 세력의 싸움이에요. 그런데 대학을 시장화하려는 세력은 음으로 양으로 엄청난 공세를 퍼붓고 있죠. 특히 대학 총장들은 말할 것도 없고요. 국민을 대변해야 할 국회의원들에게 계속 서한도 보내고 기자회견이나 토론회에 어떤 국회의원이 오고 어떤 국회의원이 안 왔는지 철저히 감시해야 해요. 학생들의 노력에 따라 국회의원들의 태도도 달라질 겁니다.

김창인 김희정 의원이 발의한 대학구조개혁법이 정부의 생각이고, 골자는 2015년부터 본격적으로 인원 감축을 하자는 것입니다. 학령인구가 줄기 때문에 어쩔 수 없다는 것이 표면적인 명분이고요. 이 문제에 대해 어떻게 생각하시는지요?

김재연 한국 사회는 사립대학이 국공립 대학보다 많은데 사실 상당 부분 공적 지원금을 통해 운영돼요. 그래서 학생들의 수요가 없는 대학을 유지하려면 정부가 지원을 계속해야 하죠. 하지만 저절로 망하도록 두고 볼 수만도 없겠죠. 그런데 정부는 정부가 정한 기준에 따라 퇴출 대학을 고르고 결국 국민 세금으로 마련한 지원금을 주며 퇴출시키려 하잖아요. 어떤 기준으로 대학을 개혁할 것인가에 대한 논의 없이 지금은 철저히 시장 논리에 따라가고 있어요. 구조조정이라는 표현 자체가 기업식 표현이고요.

김창인 방금 말씀하신 시장주의 교육정책이 박근혜 정부 교육정책의 본질이라고 보는데, 어떻게 평가하시나요?

김재연 박근혜 정부만의 문제가 아니라 김대중 정부, 노무현 정부 때도 마찬가지였어요. 다만 이명박 정부 때 수면으로 떠오른 거죠. 노무현 전 대통령도 대학을 산업이라고 표현했고, 본격적으로 대학에 신자유주의가 몰아친 것도 따지고 보면 그때부터예요.

그러니까 박근혜 정부의 교육정책을 평가하기 전에 이미 10년 전부터 시작돼온 신자유주의 교육정책에 대한 평가가 선행되어야 해요. 지난 10년간 대학 경쟁력이 강화되고 학생들의 만족도가 높아졌나요? 결론은 아니라는 거죠. 오히려 대학을 졸업해도 취직이 안 되고, 고학력 실업자들이 늘어나고 있어요. 게다가 사회에 나가기도 전에 고액 등록금으로 빚더미에 앉아요. 대학이 안팎으로 곪고 있어요. 지난 10년에 대한 평가를 제대로 한다면 이 정책을 더 이상 유지할 수 없다는 결론에 도달할 텐데, 박근혜 정부는 계속 유지하려 해요. 굉장히 게으르고 무능하고 무지하다고 평가해요.

김창인   대학 구조조정은 단순히 학과 통폐합을 통해 학생 수를 줄이자는 것뿐만 아니라 정책의 방향이 대학 민영화, 대학 영리화라고 보는 시각이 있어요.

김재연   대학뿐 아니라 교육의 시장화, 영리화는 어제오늘 나온 이야기가 아니에요. '대학이 등록금 가지고 장사한다'는 말은 오래된 이야기고 이를 부정하는 사람은 없을 거예요. 물론 대학의 공공성을 강화해야 한다는 생각에는 모두 동의할 거예요. 여당에서도 너무 지나치다는 의견이 많이 있다고 들었어요.

김창인   대한민국은 민주주의를 지향하는 나라인데, 대학 자치는 지켜지지 않는 것 같아요. 구조조정을 하면서도 대학은 정작 당사자인 학생들과 소통하지 않고 절차도 무시하고 심지어 학칙도 무시하고요. 정부는 직접 나서서 바로잡을 생각이 없고, 법원은 학교 편을 들어주고요. 학칙도 대부분 유신 시절에 만들어져 위헌적인 내용도 많은데요.

김재연   2007년 국가인권위원회에서 60여 개 대학에 '헌법에 위배되는 학칙을 개정하거나 삭제하라'고 권고한 적이 있어요. 민주노동당에서 전국 대학 학칙을 분석해 자료를 제출한 다음 국가인권위원회에서 2년쯤 심사했었죠. 아직까지 학칙이 전혀 변하지 않았다는 사실을 최근에 확인했어요.

국가가 대학의 자치권이나 자율성을 보장해주어야 한다는 건 맞아요. 각 학교에 강제적으로 개입하는 건 좀 아니죠. 예를 들어 상지대에서 비리로 문제됐던 총장이 복귀할 때 교육부가 '징계 재심의'를 요구한 것은 바람직하다고 봐요.

민주주의는 한 번도 자연스럽게 이루어진 적이 없어요. 항상 정의를 실현하고자 하는 사람들이 피와 땀으로 쟁취해왔어요. 지금은 이런 사람들의 힘이 약해져 과거 독재 시절처럼 힘이 강한 세력에게 밀리고 있어요. 이런 현실을 극복하기 위해 싸워야죠. 왜 정부가 나서서 민주주의를 지켜주지 않느냐? 그렇다면 정부도 싸움의 대상이 되는 거죠.

김창인 대학과 대학생들의 힘이 많이 약화됐어요. 요즘 대학생들은 이전 대학생들과 다르다, 취업에만 관심 있다는 이야기를 해요. 학생 사회에서 어떤 고민이 필요할까요?

김재연 어려운 문제고, 마음이 무거워요. 우리 과가 구조조정 대상이 아니면 이런 구조조정이 나에게 어떤 영향을 미칠지 제대로 인식하지 못하는 학생들이 많아요. 자기 과에 구조조정이 닥치지 않아서 다행이라고 생각하거나 설령 자신의 학과가 구조조정이 된다 해도 어쩔 수 없다며 포기하는 학생들도 많을 거예요.

대학 공동체가 파괴되고, 대학에 점점 더 경쟁 중심적인 사고가 확산될수록 비민주성이 판치게 돼요. 이런 대학에서 배우는 세상은, 내 친구는 내가 밟고 올라서야 할 대상이고, 돈이 되지 않는 것은 아무 의미가 없는 세상이죠. 예술가를 꿈꾸며 평생을 노력했는데 돈이 안 돼서 내팽개쳐야 하는 세상, 우리에게 어떤 미래도 없다고 봐요.

학생들도 깨달을 수 있어요. 좀 더 빨리, 집단적으로 깨닫게 하는 역할을 학생회가 해야 해요. 학생들의 이해를 모으고 학생들의 입장을 대변하는 것이 학생회잖아요. 집단적인 성찰을 유도해야 해요. 그렇게 학생들이 서로 믿고 의지하고 연대해서 학교와 정부와 싸울 힘을 키우는 거죠.

김창인 사회적으로 대학의 역할이 여전히 중요한데 현재 대학은 그런 역할을 수행하지 못해요. 앞으로 대학은 어디로 가게 될까요?

김재연 이상적으로는 대학은 학문의 전당이고, 사회정의를 논의할 수 있는 곳이죠. 덧붙여 대학은 사회의 다음 세대, 미래 세대를 육성하는 기관이에요. 20대 초반의 대학생들이 미래에 대한 꿈과 희망을 잃는다면 대한민국의 미래가 없어요. 근데 지금의 대학이 꿈과 희망을 채워주는 곳인지 의문이에요. 지난 20년간 신자유주의가 한국 사회를 덮쳤고, 대학도 예외가 아니었어요. 하지만 신자유주의가 더 이상 행복을 가져다주지 않을 것이라는 관측이 여러 곳에서 나오고 있어요. 그렇다면 어떤 대안을 제시할지, 이런 고민을 함께 나누는 곳, 사회정의에 기초해 여러 실험과 시도를 할 수 있는 곳이 대학이어야 해요.

김창인 대학 구조조정을 겪고 있는 대학생들에게 마지막으로 해주고 싶은 말씀이 있으신가요?

김재연 힘을 냈으면 좋겠어요. 구조조정을 겪으며 위축되고 용기도 많이 잃었을 거예요. 하지만 학생회를 통한다면 교수나 교직원과도 연대할 수 있고, 다른 학교와도 연대할 수 있어요.

국회를 가지고 이야기해보면 다음 총선, 대선까지 아무것도 할 게 없는 건 아니에요. 박원순 시장이 반값 등록금에 힘입어 당선되었듯이, 여론과 분위기를 학생들 편으로 만들 수 있어요. 정치인들은 자신들에게 표를 줄 사람을 위해 움직여요. 20대의 투표 파워를, 그리고 연대 세력을 견인하기 위한 노력을 보여준다면, 더 많은 것을 함께 할 수 있을 것이라고 생각해요.

인터뷰 후기

정치는 요즘 대학생들에게 불편한 단어다. 조금 더 거칠게 표현하면 불쾌한 단어일 수도 있다. 정치는 더럽다는 인식이 일반적이기 때문이다. 그렇기 때문에 '정치적'이라는 표현은 상대방에게 공격의 수단이 된다. 하지만 우리는 정치 안에서 숨 쉬고 있다. 그런 의미에서 김재연 전 의원이 말한, 정치인을 이용할 줄 알아야 한다는 이야기에 큰 공감이 되었다.

사실 중앙대 학내 상황에서 학생들의 힘만으로는 구조조정을 막는 것이 거의 불가능하다. 두산은 고故 배달호 열사[3]의 사례에서도 알 수 있듯 사람이 죽어도 눈 하나 깜짝하지 않는 기업이다. 다른 대학들도 정도의 차이는 있겠지만, 사립대학에서 끝까지 버틴다면 학생들이 어찌할 방법이 없는 상황이 일반적이다.

하지만 정치의 영역은 다르다. 정치인들은 표를 먹고 사는 사람들이고 여론에 민감할 수밖에 없다. 그렇기 때문에 정치를 통해 구조조정을 막아내는 것도 하나의 방법이 될 수 있다.

3　2002년 파업으로 정직 3개월의 징계를 받은 배달호 씨는 그해 말 복귀했다. 사측은 노조 간부들을 상대로 손해배상을 청구하고 가압류했다. 배달호 씨는 이듬해 1월 9일 오전 6시경 이에 대한 울분을 토하며 자신의 차에서 분신자살했다. 동료 조합원에게 투쟁을 호소하는 두 쪽짜리 유서를 남긴 채였다. 당시 그의 나이 50세였다. 고인의 죽음으로 손배가압류를 통해 두산중공업이 노동자를 탄압한 실상이 폭로되었다.

이미 대학 구조조정은 몇 개 대학의 개별적인 사안이 아니다. 그렇기 때문에 정치계에서도 언론에서도 이에 대한 관심은 지대하다. 오히려 당사자인 대학생들이 이 문제의 심각성에 가장 둔감하다.

대학 구조조정을 사회적 의제로 만들어야 한다. 결국은 모두 함께 교육부와 싸워야 하는 것이다. 물론 어려움이 많을 것이다. 하지만 어렵더라도 학생회를 중심으로 힘을 모아야 한다. 아무도 대신 싸워주지 않는다. 김재연 전 의원의 말처럼, 우리 스스로가 믿어야 이길 수 있다.

신자유주의 교육과 대학 영리화

인터뷰이_임재홍(한국방송통신대학교 법학과 교수,
전국 구조조정 공동대책위원회 정책 위원장)

2008년부터 2014년까지 7년 동안 전국 4년제 대학 191곳 가운데 161곳이 254건의 학과 통폐합을 했다. 이 가운데 서로 무관한 학과나 전공을 통합한 사례는 무려 59건에 달한다.[1]

아직 정부와 교육부의 본격적인 인원 감축 기간이 아님에도 가산점을 부여받기 위해 사전에 시행된 구조조정의 여파가 이 정도다. 대학 구조조정은 정부와 교육부 정책의 산물이다. 그렇기 때문에 각 대학별 투쟁으로는 막기 어렵다. 아니 오히려 대학 구조조정을 왜 하는지 그 목적조차 파악하기 어렵다. 대학 구조조정을 파악하고 이해하기 위해서는 먼저 정부 정책의 목적과 의미를 살펴봐야 한다.

---

1   페이스북 '미스핏츠' 페이지 2015년 1월 2일자 게시물 참조(https://www.facebook.com/misfitskr), 교육부, 〈2008~2014년 전국 4년제 대학 학과 통폐합 현황〉.

나는 대학 구조조정을 전반적으로 이해하기 위해, 이 분야를 계속 연구하고 대안을 모색하는 한국방송통신대학교 임재홍 교수를 찾아 인터뷰했다. 6장 〈대학 구조조정의 실체〉는 임재홍 교수와의 인터뷰를 토대로 정리한 것임을 밝혀둔다.

교육부의 '대학구조개혁' 도대체 무슨 내용인가?

결국 대학 구조조정 문제의 핵심은 정부와 교육부의 '대학구조개혁 안'이다. 대학별로 학과 구조조정을 하는 이유도, 이러한 학과 통폐합을 대학별 투쟁으로 막지 못하는 이유도 이 정책을 추진하는 단위가 교육부이기 때문이다.

그렇다면 교육부가 추진하는 대학구조개혁안을 알아야 대학 구조조정에 대해 이야기할 수 있을 것이다. 그래서 정부와 교육부가 보도자료로 공개한 '2015년 대학구조개혁평가 기본계획'과 2014년 4월 30일 국회 교육문화체육관광위원회(이하 구조개혁법안) 소속 김희정 의원(새누리당, 현 여성가족부 장관)이 발의한 '대학 평가 및 구조개혁에 관한 법률(안)'을 살펴보고자 한다.

'대학구조개혁평가 기본계획'이 정부 정책이라면 '대학 평가 및 구조개혁에 관한 법률(안)'은 정책의 법적 근거가 될 것으로 예상된다.

1) 2015년 '대학구조개혁평가 기본계획' 살펴보기

정부의 대학 구조 개혁의 배경은 '학령인구의 감소'이다. 정부는 출산율 감소로 2018년부터 대학 입학 정원이 고교 졸업생 수를 넘어서고 2023년에는 초과 정원이 16만 명에 이를 것이라 예측한다. 그래서 대학 정원의 인원 감축이 불가피하며, 기왕 개혁을 하는 김에 양을 줄이면서 질도 재고할 수 있는 방안으로 대학구조개혁을 시행한다는 것이다. 대학구조개혁의 목적은 정원 감축과 대학 교육의 질을 향상시키는 것이다.

그리고 목적을 달성하기 위한 방안으로 대학 등급제를 제시한다.

대학 등급별 구조개혁 조치

등급	정원 감축	정부 재정 지원
A	자율 감축	정부 재정 지원 사업 참여 가능
B	일부 감축	정부 재정 지원 사업 참여 가능
C	평균 수준 감축	정부 재정 지원 사업 참여 가능
D	평균 이상 감축	정부 재정 지원 사업 제한, 2016학년도 국가장학금 II유형 미지급, 2016학년도 학자금 최소 대출 대학 지정
E	정원 대폭 감축	2016년 정부 재정 지원 사업 제한, 2016학년도 국가장학금 I유형·II유형 미지급, 학자금 대출 전면 제한

자료: 교육부   • 2년 연속 E등급을 받을 시 퇴출 조치

대학 등급제란 말 그대로 대학에 등급을 매기는 것으로 전국의 모든 대학을 5가지 등급으로 구분해 등급별로 인원 감축 비율이나 정부 재정 지원에 차등을 둔다는 것이다. 쉽게 말해 높은 등급일수록 대학 정원을 적게 줄여도 되고, 정부 재정 지원을 많이 받을 수 있다. 반대로

대학구조개혁 평가 지표

항목(60)	평가 지표	
교육 여건(18)	전임 교원 확보율(8)	국립·사립 구분
	교사 확보율(5)	정량평가
	교육비 환원율(5)	국립·사립 구분
학사 관리(12)	수업 관리(8)	정량+정성 평가
	학생 평가(4)	정량+정성 평가
학생 지원(15)	학생 학습 역량 지원(5)	정성평가
	진로 및 심리 상담 지원(3)	정성평가
	장학금 지원(5)	정량평가
	취·창업 지원(2)	정성평가
교육 성과(15)	학생 충원율(8)	수도권·지방 구분, 정량 평가
	졸업생 취업률(5)	권역 구분, 정량 평가
	교육 수요자 만족도 관리(2)	정성 평가

낮은 등급일 경우 심하면 퇴출 조치도 가능하며, 정부 재정 지원 사업 은커녕 해당 대학 재학생들은 국가장학금을 받지 못할 수도 있다. 1단계 평가에서 A,B,C 등급을 받는데 실패한 대학들은 2단계 평가(중장기 발전 계획, 교육과정, 특성화 지표)를 통해 D,E 등급으로 나뉜다.

교육부의 논리는 간단하다. 대학 교육의 질을 향상시키기 위해 서로 경쟁을 시키겠다는 것이다. 그리고 경쟁에서 패배할 경우 인원을 줄이거나 학교를 아예 없애버려 학령인구 감소의 문제도 해결하겠다는 것이다. 교육부의 목표는 2023년까지 총 16만 명의 정원을 감축하는 것이다. 이러한 교육부 정책의 의도를 좀 더 면밀히 살펴보기 위해서는 구체적으로 정책을 시행하기 위한 법적 근거를 마련하는 대학구조개혁 법률안을 알아야 한다.

2) '대학 평가 및 구조개혁에 관한 법률(안)' 살펴보기

이 법안은 2014년 4월 30일 새누리당 김희정 의원이 대표 발의한 것이지만, 사실상 의원 발의 법안이라기보다는 정부 법안으로 봐야 한다. 이 법안의 내용을 일부 발췌하면 다음과 같다.

1. 대학 자체 평가서를 작성한다.(법률안 제4조)
2. 대학 평가를 위해 대학평가위원회를 구성하고(법률안 제10조) 대학구조개혁을 위해 대학구조개혁위원회를 설치한다.(법률안 제18조)
3. 대학 평가 결과 필요하다고 판단되는 경우 학생 정원 감축 및 조정, 정

부 재정 지원의 제한 등을 명령하거나 조치할 수 있다.(법률안 제17조)

4. 학교법인의 자진 해산 시 잔여 재산의 전부 또는 일부를 공익법인, 사회 복지 법인, 직업 능력 개발 훈련 법인 등에 대한 출연 등의 방법으로 처분할 수 있도록 하고 있다.(법률안 제23조)

5. 정원 감축으로 발생한 유휴 교육용 기본 재산을 수익용 기본재산으로 용도 변경할 수 있다.(법률안 제26조)

이 법안의 핵심은 교육부의 '대학구조개혁평가 기본계획'을 시행하기 위한 법률적인 근거를 마련하는 것이다. 추가적으로 대학들의 자발적인 퇴출을 유도하기 위해 대학을 폐교하고 학교법인을 해산하는 경우, 그 잔여 재산을 개인 재산으로 귀속시키거나 학교법인을 공익 법인으로 전환시키는 법을 마련하고자 한다.

이러한 법적 근거가 마련되지 않는다 해도, 교육부는 정원 감축 정책을 계속 추진할 것이다. 2015년 1월 22일 교육부는 대통령 업무보고에서 '산업수요 중심 정원조정 선도대학 사업'을 신설해 공급이 과잉되어 있는 학문 분야를 구조조정하겠다고 밝혔다. 그리도 이러한 작업에 1년에 2,500억 원씩 3년간 총 7,500억 원의 예산을 투입하겠다고 했다. 따라서 대학들의 학문 분야별 정원 감축 경쟁은 더욱 심화될 것이다.

교육부 '대학구조개혁평가 기본계획'의 문제점

먼저 대학의 등급을 나누겠다는 발상 자체가 문제다. 현재 한국 사회
는 대학이 서열화되어 있다. 누가 의도적으로 나누지 않아도 이미 나
누어져 있고, 학생들은 그 서열에 따라 대학을 선택한다. 이런 상황
에서 대학끼리 경쟁을 붙여 고등교육의 질을 향상시키겠다는 교육
부의 목적은 달성하기 어렵다. '자유롭고 공정한 경쟁'이 애초에 불
가능하기 때문이다. 그래서 교육부는 이 '경쟁'을 강제하기 위해 점
수를 매기려는 발상을 한 것이다. 이에 각 대학들은 정부에게 점수를
잘 받기 위해 경쟁할 수밖에 없다. 하지만 이러한 조치는 오히려 대
학 간의 불균형을 심화시킬 뿐, 대학의 교육 여건을 향상시키지 못한
다. 비공식적으로 존재해온 대학의 서열이 이제 공식적으로 발표되
는 것이기 때문이다.

 대학에 등급이 정해지면, 각 대학은 등급에 따라 귀족 대학과 천민
대학으로 나뉠 것이다. 재정 지원이 열악하고 자칫 잘못하면 퇴출 조
치가 우려되는 대학에 입시생들의 선호도가 낮을 것은 당연하기 때
문이다. 또한 대학 등급제에서 지방대가 수도권 대학보다 불리한 것
은 객관적인 사실이다. 지방대 육성이라는 목적을 가진 '대학구조개
혁'이 오히려 지방대 죽이기가 되는 것이다.

 또한 낮은 등급을 받은 대학은 학생들의 등록금으로 부족한 재정
을 충당할 것이 불 보듯 뻔하다. 등급이 낮은 대학이 아니더라도, 등

급을 잘 받기 위한 대학들의 경쟁은 더 많은 연구 및 사업을 진행하기 위한 재정 확보 경쟁으로 이어질 것이고, 이는 등록금 형태로 학생들에게 전가될 확률이 높다. 여러모로 대학 등급제는 한국의 고등교육 여건을 전반적으로 악화시킬 것이다.

두 번째는 평가 지표가 문제다. 예를 들면 전임 교원 확보율이 높을수록 당연히 교육 여건은 좋아진다. 하지만 이 지표를 무조건 적용할 경우, 부작용이 일어난다. 전임 교원 확보율을 높이기 위해서는 추가적인 인건비가 필수적이다. 그런데 재단에서 전입금이 들어오는 것도 아니고, 정부가 추가 인건비를 책임지지도 않는다. 그렇다면 현재 인원만으로 전임 교원의 비율을 늘려야 하는데, 그 방법은 비정규직 교원을 채용하는 것이다. 교육부도 15퍼센트까지 비정규직 전임 교원을 교원 확보율에 포함시킬 수 있도록 하고 있다. 교원 확보율을 높이려는 애초의 목적이 달성되지 않는 것이다. 이렇듯 교육부가 제시한 지표들은 편법으로 대부분 악용될 소지가 있다. 게다가 취업률이라는 지표가 과연 대학을 평가하는 데 필요한지, 그리고 해당 대학이 자체적으로 인원 감축을 할 때 가산점을 부여하는 것이 현 대학의 구조조정을 부추기고 있는데 이와 같은 방식이 옳은지 등 여러 문제가 존재한다.

마지막으로 기초 학문 분야 및 예체능 분야의 몰락이 예상되고, 이로 인한 고등교육 전반의 질적 저하가 우려된다. 현재 기초 학문 분야는 정부 정책이 유도하는 사전 구조조정으로 거의 몰락 직전의 단

계까지 갔다. 그런데 이런 상황에서 정부의 특성화 사업과 대학구조
개혁평가 기본계획을 보면, 기초 학문 계열에 불리할 수밖에 없는 재
학생 충원률과 취업률 지표가 여전히 큰 비중을 차지하고 있다. 각
대학은 높은 등급을 받기 위해 그나마 남아 있는 기초 학문 분야를
또다시 탄압할 것이고 결국 기초 학문 분야가 없는 대학이 많아질 것
이고 과연 인문학, 예술이 없는 대학을 대학이라 할 수 있을지 그리
고 이러한 대학들이 담보하는 고등교육의 질이 향상되었다고 볼 수
있을지 의문이다.

교육부의 '대학구조개혁평가 기본계획'에 대한 결론

일단 교육부의 '대학구조개혁평가 기본계획'으로는 '고등교육의 질
적 향상'이라는 목표를 달성할 수 없다. 도대체 양적으로 인원을 감
축하는 것이 어떻게 질적 향상으로 이어지는지에 대한 설명을 찾아
볼 수가 없다. 높은 등록금이 더 높게 인상되고, 비정규직 교원이 늘
어날 것이며, 폐교 위기에 있는 대학 학생들은 수업권을 보장받지 못
할 것이다. 오히려 고등교육의 전반적인 질적 저하가 우려되는 상황
이다.

　게다가 1차적인 목표인 정원 감축을 어느 정도 달성할 수 있다 하
더라도 과잉적이다. 인원 감축이 필요하다면 전반적으로 정원을 줄

여도 되는 것인데 도대체 왜 여기서 대학의 등급을 매기고 재정 지원을 미끼로 이를 강제하는 것인지 알 수 없다. 인원 감축의 지표 또한 취업률처럼 대학이 지양해야 할, 본디 이념과는 무관한 것이다. 그리고 이런 지표들을 선정함으로써 나타날 부작용에 대한 안전장치가 전혀 마련되어 있지 않다.

교육부의 '대학구조개혁평가 기본계획'으로 예상되는 문제점들을 고려했을 때, 이 정책을 추진하는 진위가 의심스러울 정도다. 예를 들어 대학의 자발적인 퇴출을 유도하기 위한 잔여 재산 귀속 법률안은 오히려 대학 재산을 개인 재산으로 돌릴 수 있게 하는, 교육적 관점과는 어긋나는 것이다. 현재 법률상 학교의 경영자는 학교법인이며 학교법인과 학교에 대해 법적으로 사적 소유권을 그 누구도 갖지 못한다. 교육이란 비영리 영역이며 이를 존중해야 사회의 공적 목적을 달성할 수 있기 때문이다. 그런데 잔여 재산 귀속법이나 교육 재산을 수익 재산으로 돌릴 수 있게 하는 법은 오히려 대학의 시장화를 가속시키며, 공식적으로 대학을 이윤의 창구로 이용할 수 있게 한다. 현재 한국의 대학들은 비영리 법인임에도 각종 부정부패와 비리가 창궐하고 있다. 학교 경영자들이 대학과 교육을 돈벌이 수단으로 보기 때문이다. 그런데 이들의 돈벌이를 합법화한다면 대학의 부패는 더욱 심해 질 것이다.

2004년부터 2013년까지 대학 정원은 평균 1.73퍼센트씩 자체적으로 줄고 있다. 이러한 평균 감축율을 반영하면 2040년에는 대학 입학 정원이 학령인구에 맞게 조절될 수 있다. 정부의 무리한 대학구조개혁안이 아니더라도 정원 감축은 좀 더 자연스럽게 이루어질 가능성이 있다. 일단 정원 외 입학 정원[2]부터 감축하면서 무리한 충격요법 없이 대학 정원을 감축하는 방안을 고민해야 한다. 설령 강제적인 정원 감축이 필요하다 하더라도 지금과 같은 반교육적인 지표들에 입각한 감축은 곤란하다.

교육부의 '대학구조개혁평가 기본계획'은 단순히 대학 정원을 학령인구 감소에 맞춰 조절하는 것이 아니다. 오히려 교육 민영화, 대학 영리화 정책이라 볼 수 있다. 이러한 정책은 현재 한국 고등교육의 문제를 근본적으로 해결하지 못하고, 오히려 심화시킬 뿐이다.

뒤에서 다루겠지만, 대학이 공급과잉된 현 상황은 김영삼 정부 때부터 시행된 신자유주의 교육정책의 결과물이다. 교육부의 '대학구조개혁평가 기본계획'은 신자유주의 교육정책의 실패로 빚어진 현 상황을 또다시 신자유주의적으로 돌파하려는 것이다.

---

2   2005년부터 2013년까지 수도권 12개 주요 대학의 정원 외 입학 규모는 1만 8,000명 정도 증가했다.

신자유주의의 고등교육 영역 침투 배경

교육부의 '대학구조개혁평가 기본계획'은 단순히 학령인구 감소에 따른 대책이 아니라, 신자유주의 교육정책의 일환이다. 그렇기 때문에 1995년부터 시작된 한국의 신자유주의 교육정책 전반을 이해해야 그 본질을 명확히 알 수 있다.

1970년대 들어 자본주의는 전 세계적으로 위기를 맞아 자본의 경쟁이 격화되고 이윤율은 급격히 저하되었다. 70년대까지 자본주의가 고도로 성장하며 안정적인 사회체제가 유지되었으나, 이때 닥친 경제 위기는 기존의 자본주의 사회에 다른 대안을 요구했다. 이러한 대안으로 등장한 것이 신자유주의이다. 신자유주의는 경제 위기를 딛고 일어서 사회의 모든 영역에서 이윤을 창출하고자 했다. 저임금과 비정규직, 그리고 공공 부문의 민영화를 통해 자본의 이윤을 확대해 자본주의 체제를 유지하고자 하는 것이었다. 그리고 교육 영역 또한 자본의 논리를 피해가지 못했다. 지식 기반 사회, 인적 자본론이 대두했고, 이는 한국 사회에서 대학 경쟁력이 곧 국가 경쟁력이라는 명제로 받아들여졌다. 대학이 생산하는 지식을 상업화 혹은 영리화하여 국가 경제의 성장에 이바지한다는 것이다. 이에 힘입어 1995년 김영삼 정부의 5.31 교육개혁안을 통해 자본주의 교육 시장을 개척하기 시작했다.

신자유주의 교육정책이란?

현재 대학 구조조정에서 당장 눈에 들어오는 것은 인문사회계열이 붕괴되는 것과 지방대가 사라지는 것이다. 그래서 대학 구조조정이 단순히 인문사회계열 학과를 없애려는 것이거나 지방대를 죽이려는 것이 아닌지 의심할 수 있다. 하지만 이는 단순한 현상에 불과하다. 신자유주의 교육정책의 시작인 1995년 5.31 교육개혁안부터 현재의 모습들을 전체적으로 바라볼 때 대학 구조조정의 진짜 의미와 목적을 알 수 있다.

1995년 5.31 교육개혁안은 신자유주의 정책을 고등교육에 이식시키려는 것이 그 내용이었다. 신자유주의 교육정책은 미국과 영국에서 유래되었는데, 이 같은 교육정책은 크게 두 가지 이유로 시작됐다.

하나는 국가 재정 적자 문제를 해결하기 위함이다. 국가적으로 재정 적자 문제가 심각해지면 국가의 예산을 줄여야 한다. 그런데 국가 재정에서 비중을 많이 차지하는 영역이 바로 공공 운수, 의료, 교육이다. 정부는 이 영역들이 재정 적자의 원인이라 판단하고, 이 영역들을 민영화하는 과정에서 재정적으로 보조할 예산을 삭감해나가기 시작했다. 신자유주의 정책으로 공공 부문을 민영화하는 것이다.

두 번째는 유동적인 투기자본이 교육 시장으로 흘러들어온 것이다. 자본주의가 고도 성장기를 넘어 포화상태에 이르자 이 자본들은 경쟁에서 탈락하고 난 뒤 투기적인 이윤을 노리는 새로운 시장을 필요로 했다. 그런데 그 새로운 시장이 바로 의료와 교육 영역인 것이다. 교육에 한정해서 본다면 2005년 전 세계 교육 시장의 규모가 거의 2조 달러에 가까웠다. 이는 전 세계 자동차 산업의 규모보다 더 큰 수치다. 결론적으로 자본이 교육에 침투해 이윤을 창출할 수 있는 기회를 얻게 된 것이다. 교육 영역 가운데 자본 규모가 가장 큰 것이 바로 고등교육인데, 이 고등교육에 대한 재정 지원을 줄이는 대신 그곳에 자본이 침투해 영리를 취하도록 하기 위해 대학구조개편이 시작된 것이다.

하지만 이러한 의도를 노골적으로 드러내면 사회적 저항을 피할 수 없다. 그래서 우리나라도 1995년 5.31 개혁안이 발표됐을 때, 대학 자율화 정책이라는 외피를 씌웠다. 이 대학 자율화의 내용은 대학 설립 준칙주의와 국립대 법인화를 주축으로 한다.

대학 설립 준칙주의는 대학의 설립을 좀 더 자유롭게 해서 대학을 더 많이 만들어 서로 경쟁시키겠다는 것이다. 국가 경쟁력을 강화하기 위해서는 대학 경쟁력을 강화해야 하고, 대학 경쟁력을 강화하는 방법으로 대학들을 경쟁시킨다는 단순한 발상이었다. 하지만 대학 수가 늘어나도 대학 서열화 체계가 굳어진 한국에서 경쟁은 불가능했다. 오히려 대학 공급이 과잉되면서 오늘날 학령인구 감소와 맞물려, 대학의 공급과 수요의 불일치라는 현상을 낳고 있다.

국립대 법인화는 국가가 대학에 공공의 목적으로 제공하던 인적, 물적 시설에 대한 지원을 더 이상 하지 않겠다는 뜻이다. 정부의 재정 지원을 줄이고자 독립된 권리의무주체인 법인으로 만들어 정부로 부터 재정적인 독립을 시키려는 의도다. 이에 대해 정부는 대학이 국 가 경쟁력 발전에서 중요한 기관인데, 대학에 대한 관료적 통제가 많 으니 이를 풀어줘야 한다는 명목을 내세웠다. 하지만 결론적으로 향 후에는 각 대학이 알아서 재정을 확보하라는 의미이기도 했다. 그래 서 김대중 정부 때 국립대학 운영에 관한 특별법이 만들어졌는데, 처 음 몇 년은 독립을 위해 재정적으로 지원을 하지만 그 이후로는 매년 10퍼센트씩 예산을 깎아 10년 후에는 보조금을 100퍼센트 삭감하겠 다는 내용이었다. 국가 보조금이 끊어지면 대학은 스스로 재원을 마 련해야 하기 때문에 스스로 돈을 벌어야 한다. 쉽게 말하면 규제를 풀어줄 테니, 대학이 기업이 되어 스스로 상품을 만들어 팔아보라는 이야기이다. 단적인 예를 들면 의대나 약대에서 새로운 약을 만들어 이를 상업화해 특허 받고 외국에 파는 사례가 있다. 그 이윤으로 대 학 운영 경비를 만드는 것이다. 이마저 여의치 않으면 학생들에게 수 업료를 더 전가시킬 수도 있다. 대학은 이미 독립된 법인이기 때문에 가능한 것이다.

김영삼 정부부터 시작해 김대중 정부나 노무현 정부에서도 이러한 정책들이 일관성 있게 고등교육을 잠식했다. 하지만 법제화되어 있 어도 신자유주의 정책은 점차 많은 사람 사이에서 반대하는 흐름이 생겼고, 대학들 또한 대학 서열화 체계에서 자유롭고 공정한 경쟁은 불가능했다. 그러다 보니 이 신자유주의 흐름에 대학들 스스로 열심히 뛰어들도록 강제하는 법령과 정책이 필요했다. 바로 이러한 법령이 현재 발의되어 있는 '대학구조개혁법'이다. 이 법률을 통해 인위적으로 시장을 창출하고 경쟁을 시킴으로써 국가 예산을 차등 배분하는 근거로 삼겠다는 것이다. 결국 구조조정의 진짜 목적은 재정 삭감과 영리사업을 하도록 하는 것에서 시작했음에도 표면적으로는 대학 자율화의 모습을 하고 있는 것이다.

이러한 흐름에서 특히 사립대학은 신자유주의 정책을 선호한다. 신자유주의 정책은 탈규제로 갈 수밖에 없는데 기업이 시장에서 돈을 벌려면 의사결정에 대한 독립권을 가지고 있어야 하기 때문이다. 과거에는 법령에 따라 공적인 목적을 규제하는 경우가 많았다. 그런데 우리나라는 87퍼센트가 사립대학이다 보니 이런 규제를 풀어준다고 하면 대부분의 대학이 찬성한다. 왜냐하면 현재 비영리인 학교법인이 이런 영리화 정책의 종착지인 영리법인으로 향하기 때문이다. 대학이 영리법인이 되면 종래 고등교육에 투자했던 것들, 그리고 학생들이 낸 등록금으로 지은 대학 시설들을 소유물화할 수 있다. 사립대학에서 엄청난 재산상 이득을 볼 수 있는 것이다. 그리고 학생 수가 많기 때문에 이 학생들을 상대로 상업화 정책을 펴면 또 이윤을 창출할 수 있다.

이 법률은 자세히 살펴보지 않으면 신자유주의적인 정책을 이식하는 것이 직접적인 목적인 것처럼 보이지는 않는다. 하지만 김영삼 정부 때 고등교육을 시장 영역으로 보며 이른바 기업이 대학에 자유롭게 진출할 수 있도록 허가하고, 김대중 노무현 정부 때 고등교육을 시장 개방의 대상으로 내놓았으니, 이어진 하나의 흐름인 것이다.

하지만 이런 대학 설립 자율화 정책의 폐해로 결국 고등교육 공급이 과잉되는 문제가 발생했다. 신자유주의를 지향한다면 고등교육을 완전경쟁 시장으로 보고 출입이 자유로워야 하는데, 고등교육이 공적 영역으로 묶여 있다 보니 출입이 자유롭지 못했다. 또한 고등교육은 쉽게 상품화될 수 없었다. 쉽게 소비하고 선택할 수 없는, 자본주의에서 보던 상품과는 본질적으로 특성이 다르기 때문이다.

그럼에도 현 교육부는 '대학구조개혁안'을 통해 계속적으로 신자유주의 고등교육 정책을 펼치고 있다. 그리고 교육 시장화, 대학 영리화를 향해 나아가고 있다.

교육 시장화, 대학 영리화의 사례

영국과 미국은 대학 영리화가 진행된 국가들이다. 미국의 경우 1970년대 후반 레이건 대통령 시절 영리법인 대학을 인정했다. 그 가운데 대표적으로 피닉스 대학University of Phoenix이 있다. 피닉스 대학은 주로 온라인 수업을 하는데, 학생들에게 취직과 관련된 전공 분야를 개설해 강의한다. 또한 입시 준비생들에게 취직을 매개로 광고를 한다. 구체적으로 몇 년 안에 취직이 되면 돈을 얼마나 벌 수 있고 이 대학을 다니느라 얼마의 돈이 들었으므로 5년 안에 국가로부터 받은 학자금 대출을 모두 갚고 좋은 직장에서 행복하게 살 수 있다는 식의 광고이다. 이 과대광고로 모집된 피닉스 대학의 정원은 무려 17만 명에 달한다. 교직원만 1만 7,000여 명인데 이 가운데 정규직은 250명밖에 되지 않는다. 이렇게 비정규직 채용으로 비용을 절감하고 학생들이 국가로부터 대출받은 등록금으로 이윤을 창출하는 것이다. 주식시장에 상장해 또 다른 이윤을 창출하기도 한다. 하지만 피닉스 대학의 학생들이 모두 취직을 할 수는 없다. 취직에 실패한 학생들은 다시 다른 수업을 듣고 또다시 취업에 실패해 결국 신용불량자로 파산하는 부작용이 속출하고 있다. 정규직과 일자리 자체가 줄어드는 사회적인 상황을 악용해 돈을 버는 것이다. 교육의 바람직한 모습이라고 보긴 어렵다.

영국의 경우 2008년 이후 영리법인 대학을 정책적으로 허용하고 있다. 심지어 명문대로 불리는 케임브리지 대학도 국가 보조금이 없어지면서 심각하게 상업화되다 결국 영리법인 대학의 길을 선택했다.

문제는 이러한 영리법인 대학이 창출하는 이윤이 어디에서 오는가이다. 답은 하나다. 대학 등록금을 인상하고, 교수들과 교직원들을 저임금으로 착취하며 이윤을 남기는 것이다.

교육을 통해 이윤을 획득하는 것이 정당하다 할지라도, 고등교육을 사적인 재화로 이용하게 되면, 고등교육을 이수한 사람들은 사회나 공동체를 정글로 볼 수밖에 없다. 교육을 통해 균형 잡히고 바람직한 공동체를 만들어나가기보다는 개인주의가 팽배한 사고 체계에 길들여지는 것이다. 이대로 가면 공동체에서 타인을 배려하고 인권을 존중하고 민주주의를 수호해야 한다는 의식이 사라질 것이다.

교육은 사유재인가, 공공재인가?

결국 대학 영리화가 가능한지, 해서는 안 되는지에 대한 논쟁은 교육이 사유재인가 공공재인가라는 논점으로 압축된다. 교육이라는 영역이 시장의 영역인지 공공의 영역인지 첨예하게 대립하기 때문이다.

대학은 엄밀하게 말하면 사유재가 되어서는 안 된다. 공공재란 상품을 소비했을 때 개인뿐만 아니라, 다른 사람 혹은 공동체에 효용이 고루 돌아가는 것을 의미한다. 고등교육을 통해 전문화된 지식을 습득하고 이 지식을 가지고 직업 활동을 할 뿐만 아니라 공동체에 이바지할 수 있다. 과학기술도 그러하고 인문학적 지식도 그러하다. 아무리 지식을 상품화하고 상업화하더라도 결국 지식은 사회 전체를 이롭게 한다. 지식 자체가 공공재인 것이다.

또한 현 시대는 민주 사회이다. 과거 봉건시대는 군주 한 명 혹은 귀족과 같은 지배 계급이 통치하는 시대였다. 그러다 보니 군주나 지배계급에 대한 교육은 개인이 아닌 국가 전체의 효용을 위한 목적으로 이루어졌다. 조선 시대 사대부들의 교육도 이러한 관점에서 볼 수 있다. 하지만 오늘날 민주 사회의 주인은 시민 모두이며 대의제 형태로 투표권을 행사해 국정 전반을 운영할 대표자를 직접 선출한다. 그렇기 때문에 시민 각자는 올바른 선택을 할 수 있도록, 사회 전반을 바라볼 수 있을 만큼의 교육을 받을 권리가 있다. 그리고 이들의 투표는 자기 자신뿐만이 아니라 사회 전체에 영향을 미친다. 또한 교육을 받은 사람이 교육을 통해 내재하게 된 인성은 타자에게도 분명 영향을 끼친다. 이를테면 어떤 사람이 교육을 받음으로써 범죄를 저지르지 않게 되거나 다른 이들에게 상처를 주지 않을 수도 있다. 이런 경우 한 사람에게 교육을 한 효용이 타자에게도 나타나는 것이다. 결국 시민 모두에 대한 교육은 그 시민 개개인을 위할 뿐만 아니라, 사회적으로도 효용이 있다. 인성교육이든 전문교육이든 인간이 공동체를 이루고 사는 한, 교육에서 사회적 효용을 기대하는 것이다. 초등교육이든 전문화된 고등교육이든, 그 효과는 개인뿐만이 아닌 국가 운영 전반에 미친다. 그러므로 민주 사회에서 교육은 공공재일 수밖에 없다. 이처럼 고등교육이 공공재라고 합의하는 것은 고등교육을 정상화시키는 과정이며, 한국 사회가 바람직한 사회로 나아가기 위한 한 걸음이다.

대안은 무엇인가?―정부책임형(공영형) 사립대학으로 시작하자

근본적인 문제를 해결하지 않으면 안 된다. 고등교육은 공공성을 확보해야 한다. 고등교육 기관이 사립대학이 아닌, 공적으로 조직돼야하는 것이다. 고등교육을 원하는 국민이라면 국가의 혜택을 받아 저렴하게 혹은 거의 무상으로 교육을 받을 수 있어야 한다.

한국은 87퍼센트가 사립대학이다. 대학 설립 준칙주의 이후 고등교육기관의 학생 수는 계속 줄고 사립대학 수는 늘어나는 비정상적인 상황이다. 심지어 정부에서는 시장화 정책을 펴며 국공립대를 공기업으로, 사립대를 사기업으로 보며 국공립대 자율화라는 명목으로 국공립 대학을 사립대학으로 바꾸고 있다. 이러한 정책을 중단하는 것이 가장 먼저다. 또한 국공립 대학의 규모를 키워야 한다. 그래서 국민들이 값싼 고등교육을 받을 수 있는 기회를 넓혀야 한다.

하지만 한국 사회는 사립학교 법인의 힘이 강해 개혁을 하려 해도 쉽지 않다. 사립학교 개혁이 시도된 적이 거의 없다. 2005년 노무현 정권 당시 사립학교 법인의 운영을 투명하게 해 학교 운영을 정상화시키려는 사립학교법 개정안이 통과된 적이 있었다. 그 후폭풍으로 야당 대표였던 박근혜가 장외투쟁을 벌였다. 그때 실무 총괄 지휘를 한 황우여가 현재 교육부 장관인 이런 상황에서 개혁을 기대하기는 어렵다.

이런 상황에서 좀 더 현실적인 방안은 정부 책임형 사립대학이다.

전국적으로 사립대학 법인 전입금 현황을 보면 평균 5.2퍼센트[3]밖에 되지 않는다. 대학을 설립하고 대학의 운영을 책임져야할 법인이 대학 운영경비의 약 5퍼센트를 내놓고 이사회에서 모든 의결권을 행사하는 심각하게 기형적인 구조인 것이다. 대학 운영 경비의 60~70퍼센트를 학생들이 부담하고 있는데도, 재단이 대학 설립에 들인 비용을 가지고 족벌 구조를 만들어 경영권이라는 이름 아래 온갖 부정부패 비리와 대학 자치에 반하는 행동을 행사하고 있는 것이다. 심지어 총장을 비롯해 중요 보직 교수를 임명하는 월권을 행사하고 있다. 이렇게 대학이 사유화 형태로 존재하다보니 족벌 간 혈육 전쟁까지 벌어진다.

이를 바꾸기 위해서는 국가가 교부금을 지급하고 재정 책임을 명확히 해야 한다. 사립대학 법인이 그 운영 경비를 50퍼센트 이상 책임지는 법을 제정하고 이를 못 지키는 대학은 대학을 운영할 능력이 없는 법인으로 보고 해산시켜야 한다. 만약 능력이 없음에도 국가의 보조를 받아 대학을 운영하고 싶다면 교부금을 신청할 수 있다. 그리고 국가의 보조금이 50퍼센트 이상 들어가면 교수 인사나 예산에 대해 이사회가 아닌, 대학운영위원회나 평의원회가 권한을 행사할 수 있도록 해야 한다. 인사 권한은 대학 구성원들에게 주어져야 한다. 국가가 50퍼센트 이상의 경비를 대는 만큼, 대학 운영을 책임지는 구

---

3   2012년 기준 대학교육연구소 사립대학 법인 전입금 현황.

성원들이 모두 자치권을 가져야 하는 것이다. 학생, 교수, 교직원 모두가 말이다. 그리고 법인은 운영 경비를 책임지는 만큼만 권한을 가져야 한다. 대학의 운영 비용을 책임지는 모든 주체가 모여 대학운영위원회와 같은 기구를 만들어 운영을 책임져야 한다. 그리고 능력이 없는 법인은 퇴출시키고 대학은 능력 있는 다른 법인을 찾거나 혹은 국가가 책임져야 한다. 점차 국공립 형태의 대학을 늘리는 것이다.

　미국의 고등교육 역사를 보면, 국가 재정 보조 조건이 여학생에 대한 입학 차별을 폐지하거나 흑인에 대한 인종차별을 없애는 등 학생 인권을 보장하는 데 있었다. 국가가 사회적 소수자에 대한 차별을 금지하고 이에 따르는 대학만 재정을 지원했다. 당시 대학들은 반발했지만 국가 보조금 없이 대학을 운영하는 것은 불가능했기 때문에 이를 받아들였다. 현재 한국의 대학에서 학생 인권과 자치가 보장되는 경우는 흔치 않다. 아직까지도 정치적 권리, 종교의 자유 등을 인정하지 않는 대학이 파다하다. 부실 대학을 선정하는 기준은 취업률이 아니라, 사회적으로 지향하는 가치를 지키느냐 마느냐가 돼야 하는 것이다. 실제 미국에서도 몇몇 사립대학은 주립 대학으로 변경하는 길을 택하기도 했다. 재정 능력이 부족해 학생들에게 부담이 되니 반半공립화를 수용한 것이다. 매사추세스 공과대, 코넬대, 예일대 등이 대표적이다. 이런 대학들은 반半공립 반半사립 형태다. 예를 들어 코넬대는 농대·공대 공립형, 인문계열은 사립형의 구조를 취하고 있다. 대학운영에 국가의 보조금이 지급되니 코넬대는 이사 64명 가운데 설립자 집안은 상징적인 1인밖에 운영에 참여하지 않는다. 현재 우리의 사립대학이 대부분의 족벌 구조인 것과 비교된다. 사실상 대학을 사회에 내놓은 셈이다. 국가 보조금으로 대학의 지배 구조가 바뀌었다. 정부 책임형 사립대학을 통해 헌법적 가치인 대학 공공성도 실현하고, 대학 자치도 실현하고 있다.

하지만 교육부는 요지부동이다. 오히려 아이비리그가 마치 미국 대학의 전부인 것처럼 예로 들며 대중에게 잘못된 환상을 심어놓는다. 물론 아이비리그 대학이 대부분 사립이고 유명하긴 하지만 미국 고등교육의 근간은 주립 대학이다. 미국을 따라가려면 오히려 74퍼센트가 주립 대학인 미국처럼 국공립 대학이 70퍼센트는 돼야 하는 것이다. 게다가 아이비리그라도 학생들의 운영 경비 부담률은 20퍼센트 정도밖에 되지 않는다. 50퍼센트가 넘는 비용은 법인이 책임진다. 한국 대학처럼 운영 경비 대부분을 학생들에게 책임 지우는 구조는 찾아보기 어렵다. 국공립 대학 확장이라는 예시는 굳이 유럽에서 찾지 않아도 교육부 관료들이 선호하는 미국에서도 찾을 수 있다.

현재 교육부의 '대학구조개혁안'은 명분으로 제시하는 학령인구 감소 문제를 해결할 수 없다. 게다가 교육 시장화, 대학 기업화 흐름을 가속화시켜 고등교육을 황폐하게 만들 것이다. 사고의 전환이 필요하다. 학령인구가 변할 때마다 그 수치에 맞춰 대학의 공급을 조절할 수는 없다. 안정적인 고등교육 체계를 확충하는 것이 근본적인 해결책이자 대안이다.

참고자료

임재홍, 〈대학 구조조정과 공공적 대학체제 수립을 위한 법 제도 개선방안—정부 책임형 사립대학을 중심으로〉, 국회의원 유은혜 주최, 같은 제목의 국회 토론회: 기조 발제, 2013년 9월 11일, 국회의원회관 제1세미나실.

임재홍, 〈대학구조개혁법안의 법률적 문제점〉, 국회 교육문화체육관광위원회 김상희, 도종환, 배재정, 유기홍 의원 주관, '정부여당의 대학구조개혁법안, 무엇이 문제인가' 토론회, 2014년 5월 26일, 3~23쪽.

임재홍, 〈대학 구조조정에 대한 공교육적 접근〉, 한국방송통신대학교 《KNOU 논총》 제58집, 2014년 8월, 33~59쪽.

임재홍, 〈진정한 대학구조개혁을 위한 법률 대안의 모색〉, (사)한국사립대학교수회연합회, 진정한 대학구조개혁을 위한 정책적·법률적 대안의 모색 토론회, 2014년 8월 20일, 17~56쪽.

임재홍, 〈정부 책임형 사립대학(준국공립화) 방안의 설계〉, 임재홍 외, 민교협 엮음, 《입시 사교육 없는 대학 체제》, 한울아카데미, 2015년 1월 5일.

임재홍, 〈대학 평가 및 구조개혁에 관한 법률(안)에 대한 의견〉, 교육문화체육관광위원회, 《대학 평가 및 구조개혁에 관한 법률안에 대한 공청회 자료집》, 2015년 4월 7일, 23~34쪽.

에필로그

1

세상은 어둡기만 하다.

1년 전 세월호 침몰 이후 한국 사회 또한 침몰하고 있다. 사람이 죽었는데, 그 생명의 가치에 아무런 책임을 지지 않는다.

성완종 리스트가 공개되고 세월호 유가족들과의 만남을 거절했던 어느 정치인은 '목숨을 내놓겠다'며 돈 받은 사실을 부인했고, 한 끼에 2만 8,000원짜리 식사를 하면서 아이들의 밥값으로 나가는 세금이 아깝다던 한 정치인은 자신의 양심을 '1억'에 판 적이 없다며 자기 부인을 팔았다. 늘 그렇듯 버티기만 하면 국민들이 잊어줄 것이라는 뻔뻔함으로 무장하고 있는 것이 지금 이 나라의 지도층이다.

이뿐만 아니다. 국가의 제3정당이 강제해산되는 사태도 있었다. 자유민주주의를 지향하는 나라에서 사상과 이념의 자유가 사라졌다. 피로 만들어낸 이 나라의 민주주의가 무너지고 오히려 민주주의를 억압해왔던 자들이 대놓고 집권하는 세상이다. 영화 〈변호인〉 속 판사의 실제 인물이 교육부 장관을 하고, 공안 검사의 실제 인물이 차기 총리로 거론되고 있다. 독재자의 딸이 자신의 아버지를 등에 업고 대통령이 되는 나라이기에 이제는 놀라운 일이 아닐지도 모른다. 이대로라면 대한민국은 희망이 없다. 한국 사회에서 세상이 어두울 때마다 대학은 세상을 바로잡아왔다. 대학의 역할이 그 어느 때보다 중요한 시기이다.

하지만 대학은 안에서부터 무너지고 있다. 대학은 더 이상 젊음을 보호해주지 못한다. 12년간 숨 막히는 입시 경쟁을 넘어 꿈에 그리던 대학에 왔지만, 현실은 너무 냉혹하다. 대한민국 청년 10명 가운데 4명이 일자리를 구하지 못하고 있다.[1] 서울시 청년 5명 중에 1명은 주거 빈곤층으로 살아간다.[2]

이런 상황에서 대학생들의 학자금 대출액은 2010년 3조 7,000억 원에서 2014년 10조 7,000억 원으로 2.89배가량 늘었다. 또한 같은 기간 대출자 수도 70만 명에서 152만 명으로 증가했다. 학생 1인당 대출액은 평균 704만 원이며,[3] 2,000만 원이 넘는 고액 대출자들

---

[1] 2015년 2월 현재 현대경제연구원에 따르면 20대 체감 실업률은 37.5퍼센트이고, 통계청 조사 결과 4월 현재 청년 실업률은 10.2퍼센트.

[2] 서울시가 공개한 결과에 따르면 서울의 주거 빈곤 청년(만 19~34세)은 2010년 기준 52만 3,869명으로 전체 청년 229만 4,494명 가운데 22.9퍼센트를 차지했다.

[3] 이우중, 〈'당신의 삶 안녕하십니까' 빚에 저당잡힌 20대〉, 세계일보, 2015년 6월 17일 자.

은 10만 명[4]에 달한다. 반면 사립대학의 이월 적립금은 2007년 8조 2,064억 원[5]에서 2014년 11조 8,000억 원[6]으로 해마다 불어나고 있다. 대학생이 각자 빚을 내서 사학재단의 통장을 채워주는 꼴이다.

살기가 너무 힘들어서, 미래가 너무 불투명해서, 우리는 주위는커녕 자기 자신을 돌아볼 시간조차 없다. 세상은 우리를 '9포 세대'[7]로, '이케아 세대'[8]로 동정한다. 그리고 공동체에 관심이 없는 세대, 정치에도 무관심한 세대, 당찬 포부나 꿈도 없이 안정적인 생활을 추구하는 세대, 열정페이란 이름으로 자신들을 착취해도 저항할 줄 모르는 세대로 불린다. 대한민국은 청년을 버렸고, 대학은 청년을 지켜주지 못하고 있다.

4　오현승, 〈'벼랑 끝 20대' 학자금＋신용대출 동시 보유 14만 육박〉, 세계일보, 2014년 10월 16일 자.

5　최지현, 〈이명박 정부 5년간 사립대학 적립금 3조원 증가…홍익대 최고〉, 민중의소리, 2013년 9월 9일 자.

6　김지원, 이혜리, 〈'사립대 적립금 쌓기 중단하라' 대학생 대표자 연석회의〉, 경향신문, 2015년 5월 6일 자.

7　연애, 결혼, 출산, 취업, 주택, 인간관계, 희망, 건강, 외모를 포기한 세대

8　스펙이 뛰어나면서도 낮은 급여와 고용 불안에 시달리는 젊은 세대를, 저렴한 가격에 실용적인 디자인을 갖추고 내구성이 약한 대신 단기 만족감을 충족시키는 이케아 가구의 특징에 빗댄 용어.

2

2015년, 대학은 싸우고 있다. 최장훈 동국대 대학원 총학생회장이 45일간 조명탑에서 고공 농성을 벌였고 동국대 81학번 동문인 연경 불교정책연구소 김영국 소장은 15일간 단식 농성을 했다. 부총학생 회장은 삭발을 했고 학생들은 분신을 제외한 모든 걸 다했지만 학교 가 자신들의 목소리를 들어주지 않는다며 울분을 토로했다. 동국대 종단이 대학 운영에 개입해 총장 선임부터 행정 전반을 좌지우지하 려고 했기 때문이다.

감리교신학대에서는 총학생회장이 이사장의 비리를 규탄하고 사 퇴를 요구하며 종탑에서 고공 농성을 했다. 대구대는 학과 통폐합에 반대하는 학생들이 총장실을 점거했고, 한림대, 경기대, 홍익대, 건 국대, 덕성여대, 이화여대 등 여러 대학에서 학교 본부의 일방적인 학과 통폐합에 저항하고 있다. 서울여대에서는 학내 청소 노동자 문 제를 학보에 싣지 말라는 학교 본부의 압력이 있었고, 삼육대에서도 학내 언론 탄압에 대한 문제가 불거지고 있다. 학과 공동체와 대학 자치와 자율, 학내 언론 등 대학의 모든 것이 위기에 놓여 있다.

우리 모두는 싸우고 있다. 세상이 너무 어두워 오늘보다 내일이 나 을 것이라는 희망이 없어도, 현실이 지나치게 냉혹해 사는 것 자체가 힘겨운 시대에도 우리는 '대학'을 지키기 위해 싸우고 있다. 그건 대 학이 단순히 학문을 배우는 곳만이 아닌 까닭일 것이다.

3

중앙대에선 그토록 원했던, 하지만 이룰 수 없었던 단 한 번의 승리를 경험했다. 학교 본부가 무리하게 추진하던 학사구조 선진화 계획을 사실상 1년 뒤로 유보한 것이다. 완벽하지 않기에 절반의 승리였지만, 여태껏 수많은 희생을 치르면서도 얻지 못했던 소중한 승리의 경험이었다.

물론 이 경험이 순수하게 학내 구성원들의 투쟁만으로 얻어진 건 아니다. 저항하는 교수들을 '가장 고통스러운 방법으로 목을 치겠다'던 박용성 전 이사장의 폭언이 폭로되면서 학교 본부의 입장이 급속도로 밀린 것이다. 이후 이사장이 사퇴했고 중앙대에서 벌어진 두산그룹과 박범훈 전 총장의 비리가 연일 언론에 보도되었다.

《한겨레21》에 따르면, 학교 곳곳에 새 건물을 지으면서 두산은 중앙대에 출연한 1,580억 원의 기금보다 많은 2,457억 원의 매출을 올렸다. 그사이 중앙대의 부채는 67억에서 672억 원으로 10배 가까이 늘었다. 게다가 학교 본부는 늘어난 부채를 갚기 위해 등록금까지 썼다고 하니, 학생들의 돈을 끌어다 두산그룹의 매출을 올렸다고 볼 수 있다.

또한 학교 건물 임대 수익을 재단에서 가로채고, 우리은행과 주거래은행 계약을 연장하면서 100억 원가량을 재단 기부금으로 유용하기도 했다. 서울 캠퍼스와 안성 캠퍼스에 단일 교지를 승인하고 적십

자 간호대학을 합병하는 과정에서도 비리가 있었다. 적어도 나와는 다른 교육관을 가졌다고 믿었던 사람들이 결국은 돈을 벌고 싶은 장사치에 불과했다.

하지만 이런 외부요인만이 그동안 무자비하게 추진되던 구조조정을 일보 후퇴시킨 것은 아니다. 내부적으로 학내 구성원들이 노력했던 부분도 분명 존재한다. 교수들의 집단적인 저항은 학교 본부를 당황하게 했고 학생 3,000여 명의 구조조정 반대 서명은 학내 여론이 아직 살아 있다는 것을 증명했다. 인문대 학생들의 두 차례에 걸친 총회[9]는 더 이상 학생들이 물러나지 않겠다는 의지를 반영한 것이었다. 이러한 내부적 반발과 외부적 요인이 겹치면서 중앙대는 새로운 시기를 맞이한 것이다.

바야흐로 두산 2세대의 시기가 왔다. 당하기만 했던, 저항의 숨소리만 쉬어도 무차별적인 징계와 탄압으로 얼룩졌던 두산 1세대는 지났다. 두산 2세대, 반격의 시기를 어떻게 만들어가야 하는지는 앞으로 중앙대 학내 구성원들의 몫으로 남았다.

---

[9] 인문대 학생회는 2015년 4월 9일 처음 총회를 준비했지만 절차상의 문제를 들어 스스로 총회를 무산시켰다. 이후 4월 13일 시험 기간이고 비가 오는 날씨에도 400여 명의 학생들이 비를 맞으며 모여 2차 총회를 성사시켰다.

4

지난 6월 5일, 대학구조개혁 1단계 평가 하위 그룹에 속한 대학들이 공개되었다. 여러 부작용이 넘치는 상황에도 교육부는 현재 대학구조개혁안을 멈출 생각이 없는 것이다. 이런 상황에서 최경환 경제부총리 겸 기획재정부 장관은 청년 실업에 대한 대책으로 학과별 취업 가능성을 순위 매기겠다는 계획을 밝혔고, 황우여 사회부총리 겸 교육부 장관은 학령인구 감소에 따른 대책으로 외국인 유학생 유치에 총력을 다해야 한다는 의견을 내놓았다.

　자본과 기업을 무기로 대학은 괴물이 되었다. 학생들을 돈으로 보고 이들의 잠재성을 닥치는 대로 먹어치우고 있다. 이 괴물은 참혹하고 또 무서운 존재지만, 사실 우리는 괴물과 싸워 이기는 법을 알고 있다. 괴물과 싸워 이기는 가장 빠른 방법은 스스로 괴물이 되지 않는 것이다. 가장 인간다운 모습으로 마주해야 괴물을 이길 수 있다. 대학에서 인간성을 회복하고, 본연의 목적인 교육과 시대 비판에 충실해야 한다. 나는 결국 우리가 이길 것이라고 확신한다. 대학을 무너뜨리려 하는 자들의 욕망보다 대학을 지키고자 하는 사람들의 진심이 훨씬 크기 때문이다.

5

사람들을 만나면서 배운 것이 많다. 사람들을 만난다는 것 자체가 즐거운 일이라는 사실을 오랜만에 느꼈다. 다양한 의견을 들으면서 나 스스로 오만했던 부분을 되돌아볼 수 있었고, 포기하지 않는 학생들의 의지를 보면서 겸손해졌다. 나에게 이런 소중한 경험을 만들어준, 이 책을 만드는 데 도움을 주신 모든 분께 감사의 뜻을 전한다.

먼저 이 책을 준비하면서 가장 많은 도움을 주신 임재홍 교수님과 전국 구조조정 공동대책위원회 구성원들에게 감사드린다. 또한 이 책의 취지에 공감해 인터뷰에 응해주신 진중권 교수님, 박노자 교수님, 서보명 교수님, 안민석 의원, 김재연 전 의원, 임재홍 교수님께 감사드린다. 그리고 각자의 자리에서 치열하게 싸우고 있음에도 인터뷰에 응해준 정태영, 이순재, 김민지, 김채린, 서연화, 손용훈, 안효진, 김승주, 석자은, 임승헌에게 감사드린다. 어려운 결정을 해주신 익명의 중앙대 교직원 분에게도, 책에는 담지 못했지만 인터뷰에 응해준 최성범에게도 감사한다. 책을 처음 준비하면서 함께 고민을 나누고 도움을 준 이태우 선배에게도 고맙다는 말을 전하고 싶다.

나의 대학 생활에서 가장 큰 부분을 차지했던 등대 식구 등 중앙대 철학과 사람들에게 고맙고, 기나긴 싸움을 옆에서 함께 해준 김주식 선배, 동기 안성원 등 모든 선배, 후배, 동기에게 진심으로 감사한다. 같이 징계를 받고 어려운 시기를 함께 했던 노영수, 표석 선배에게도 고맙다는 말을 전하고 싶다. 앞으로 새로운 중앙대를 만들어나갈 후배들에게는 감사와 응원의 마음을 전한다.

부족한 나의 이야기가 책으로 나오도록 해주신 김성실 대표님 등 출판사 시대의창 모두에게 감사드린다.

끝으로 사랑하는 어머니 김영경, 아버지 김순구 님께 감사드린다.